Paul Hoffacker / Peter Teckentrup (Hg.)

FAMILIENSZENEN

Dieses Buch entstand im Medienverbund mit der Fernsehreihe FAMILIENSZENEN, deren 13 Sendungen in das Thema einführen und Materialien zur Weiterarbeit und Diskussion in Gruppen und Kursen anbieten wollen.

Die Filme wurden 1988/89 für WEST 3 – Westdeutscher Rundfunk von der IFAGE-Filmproduktion GmbH Wiesbaden produziert.

Autoren und Realisatoren der Filme:

Francis Best (5, 6)
Dr. Matthias J. Fischer (12)
Georg Graffe (9)
Gregor A. Heussen (7, 8, 13)
Isa Kilwink (11)
Ronald Knetschke (4, 10)
Marianne Riedel (3)
Barbara Vogt (1, 2)
Dr. Heinz Jörg Eckhold (9, 11)
Christa Licharz-Lichtenthäler (12)
Peter Neysters (1, 2, 6)
Dr. Ferdinand Oertel (3, 4, 13)
Michael Schlagheck (5, 7)
Martin Zensen (8, 10)

Redaktion:
Peter Teckentrup, Dieter Stobbe
Programmgruppe Bildung und Gesellschaft, WDR Köln

FAMILIENSZENEN wird erstmals von WEST 3 in der Zeit vom 22. August bis zum 14. November 1989 ausgestrahlt.

FAMILIENSZENEN sind auf Video-Kassetten beim Verlag Thomas Plöger zu erwerben.

FAMILIENSZENEN wurden gemeinsam von einem Team der Katholischen Akademie des Bistums Essen „Die Wolfsburg“, Mülheim mit dem WDR und der IFAGE-Filmproduktion entwikkelt und mit Mitteln des Bundesministeriums für Jugend, Familie, Frauen und Gesundheit gefördert.

Kontaktanschriften für den Medienverbund:
Katholische Akademie „Die Wolfsburg“, Falkenweg 6,
4330 Mülheim, Tel.: 02 08 / 5 01 10
WDR/WEST 3 Programmgruppe Bildung und Gesellschaft,
Appellhofplatz 1, 5000 Köln 1, Tel.: 02 11 / 2 20-38 02
Verlag Thomas Plöger, Altes Schulhaus Gräfenhausen,
6747 Annweiler, Tel.: 0 63 46 / 34 41 FAX: 0 63 46 / 77 72

Paul Hoffacker / Peter Teckentrup (Hg.)

FAMILIENSZENEN

Beispiele heutiger Familienwirklichkeit

VERLAG THOMAS PLÖGER ANNWEILER / ESSEN

CIP-Titelaufnahme der Deutschen Bibliothek

Familienszenen : Beispiele heutiger Familienwirklichkeit. – Annweiler : Plöger, 1989
ISBN 3-924574-23-5

Hg.: Dr. Paul Hoffacker / Peter Teckentrup
Umschlagentwurf: Gerd Meussen, Essen
Karikaturen: -hennes- (Hans Biedermann, Eberbach/Neckar)
Gesamtherstellung: Präzis-Druck GmbH, Karlsruhe

Inhaltsverzeichnis

Vorwort der Herausgeber

Film- und Buchtitel wollen aufmerksam machen und Aufmerksamkeit lenken. Mit „Familienszenen“ wollen die Autoren der 13 Kapitel dieses Buchs, die sich auf 13 Fernseh- bzw. Videofilme beziehen, auch den Weg zeigen, sich mit Realitäten und Anlässen zu beschäftigen, die das gewählte Thema zugänglich machen. Denn über Ehe und Familie zu reden und zu zeigen, wie es heute und hierzulande damit steht, das entzieht sich meist der systematischen Behandlung ebensosehr wie der letztgültigen Weisung.

Die Veränderungen, die Ehe und Familie getroffen haben, sind langfristig und radikal verlaufen. Sie haben eine gänzlich neue Lage herbeigeführt, die uns alle betrifft und betroffen macht. Sie haben uns verunsichert und lassen uns nach neuen Einstellungen und Gestaltungen suchen. Dazu bedarf es der klaren Sicht der Dinge und mancher Erklärung – in dieser Reihenfolge!

Das 13teilige Medienverbundprojekt „Familienszenen“ versucht, wichtig erscheinende Aspekte der neuen Alltagswirklichkeit von Familie sowohl auf der Basis der Ehe als auch neue Formen des Zusammenlebens von Mann und Frau und verschiedenen Generationen, zu beleuchten.

Die gegenwärtige Diskussion um Ehe und Familie zeigt allzu deutlich, daß die überkommenen Strukturen vielfach in Frage gestellt werden. Weder die in der Verfassung grundgelegte institutionellle Verbindung von Ehe und – darauf aufbauend – Familie kann eine im Bewußtsein der Bevölkerung allgemein verbindliche Gültigkeit beanspruchen, noch ist die gesamte Wirklichkeit von Ehe und Familie sicher in herkömmlichen Mustern zu erfassen. Die vielfältigen Beziehungen lassen sich zurückführen auf demographische, sozial-kulturelle und sozialpolitische Indikatoren.

Im Projekt „Familienszenen“ geht es den Autoren und Herausgebern nicht um eine Theoriediskussion. Eher soll an lebensnahen, echten Beispielen gezeigt und damit beschrieben werden, wie Lebensplanung und Lebensbewältigung möglich sind. Filmszenen und Buchkapitel bieten weniger eine wissenschaftlich grundgelegte Analyse der verschiedenen Ursachen des Strukturwandels der Familie. Vielmehr liegt der Schwerpunkt der Serie auf der Darstellung gesellschaftlicher Wirklichkeit. Die Bewertung des Dargestellten im Film fällt bewußt zurückhaltend aus, um einen breiten Freiraum für die Diskussion in der Jugend- und Erwachsenenbildung zu schaffen. Deshalb wurde auch die Form des Medienverbundes (Film-Buch-Diskussion) gewählt, um zahlreiche Fragestellungen aus dem Bereich der Ehe- und Familienstruktur zu sammeln, um soziokulturelle Aspekte zu erörtern, um Konflikten nachspüren zu helfen und gesellschaftspolitische Herausforderungen ins Bewußtsein zu heben.

Unmittelbare Lebenshilfen im Sinne der Vermittlung von Rezepten für die Lebensplanung will die Serie nicht anbieten; sie will aber das breite Spektrum von Lebensvollzügen, von erfolgversprechender Lebenspraxis und Konfliktbewältigung vorstellen und zur Bewußtseinsbildung beitragen.

Deshalb besteht ein gewollter und von den Autoren für notwendig erachteter Zusammenhang zwischen den Filmen und ihrer weiterführenden Diskussion. Die „Familienszenen“ sollen, indem sie Themen in Ausschnitten, in Momentaufnahmen und typischen Situationen anspielen, Impulse für die Erörterung der aufgeworfenen Fragen geben. Sie sind gedacht als Material für die höheren Jahrgangsstufen der weiterbildenden Schulen, der Berufsschulen und Erwachsenenbildungseinrichtungen aller Art.

Im einzelnen setzen sich die „Familienszenen“ mit den Wandlungen der verschiedenen Ehe- und Elternphasen auseinander. Solange die Mehrkinderfamilie die Regel war, bestimmte die Erziehung der Kinder im wesentlichen den Lebensrhythmus der Frau und Mutter. Infolge demographischer Wandlungen und einer wachsenden Aufwertung der außerhäuslichen Berufs- und Erwerbstätigkeit haben sich das Familienbild und das Rollenverständnis namentlich der Frau wesentlich verändert. Die Bedeutung der Alleinerziehenden wächst auf dem Hintergrund der zunehmenden Scheidungshäufigkeit. Auch die bewußte Entscheidung von Frauen für ein Kind und gegen einen Ehepartner, sowie die Bedeutung der eheähnlichen Lebensgemeinschaften, meist vor der Familiengründung, zeigen die Wandlung eines Wertebewußtseins, deren Ursachen vielfältig sind (z. B. Sexualmoral, Geburtenplanung, wirtschaftliche Eigenständigkeit und soziale Absicherung der Frau, Zurücktreten religiöser und insbesonderer kirchlicher Bindungen etc.). Die Auflösung des Familienverbundes zugunsten der individuellen Selbstentfaltung der einzelnen Familienmitglieder zählt zu den unbewältigten Problemen des Strukturwandels der Familien.

Dank gebührt allen Autoren und Realisatoren der „Familienszenen“. Ein besonderer Dank sei denen ausgesprochen, die vor der Kamera freimütig ihr Alltagsleben offengelegt und damit zur Verwirklichung der Serie wohl den wertvollsten Beitrag geleistet haben.

Den „Familienszenen“ ist zu wünschen, daß sie viele junge Menschen ansprechen. Sie mögen Lehrern und Kursleitern brauchbare Materialien an die Hand geben. Wenn sie gar dazu beitragen, Probleme in Einzelfällen lösen zu helfen, so ist dies im Sinn aller an der Serie Beteiligten.

Dr. Paul Hoffacker *Peter Teckentrup*

Hennes

Freundschaft – Liebe – Partnerschaft

„Es gibt keine Liebe mehr", klagt die ältere Frau in der Straßenumfrage zu Beginn des Filmes. Sie gibt damit eine weitverbreitete Meinung wieder, die vor allem den jungen Leuten mehr oder weniger unterstellt, sie wollten nur „das eine": *Sex*. Würde man allein den Berichten der Medien und den Aussagen der Werbung Glauben schenken, könnte man in der Tat zu der Erkenntnis gelangen, Sexualität hätte sich in der heutigen Zeit reduziert auf Sex – auf optimalen Lustgewinn und rücksichtslose Befriedigung eigener Bedürfnisse. In einer Zeit hemmungsloser Vermarktung der Sexualität kann ohne weiteres der Eindruck entstehen, als wäre die Liebe auf der Strecke geblieben. Die ältere Frau hat offensichtlich zum Ausdruck gebracht, was viele Menschen insgeheim befürchten.

1. Zum Inhalt des Films

Der Film wendet sich entschieden gegen diese unzulässige Verallgemeinerung. Er setzt eindeutig andere Akzente. Ausgangspunkt ist die Lebenssituation Jugendlicher im Alter von 15 bis 20 Jahren. Die Frage nach Wert und Bedeutung menschlicher Sexualität, die Sehnsucht nach Liebe und Zärtlichkeit, das Interesse am anderen Geschlecht, das alles sind Dinge, die Jugendliche diesen Alters in besonderer Weise beschäftigen. Freundschaft – Liebe – Zärtlichkeit: damit verbinden sie in zunehmendem Maße ihre Hoffnungen, Sehnsüchte, Träume und Fantasien von gelingendem und glückendem Leben. Zugleich erleben sie gerade in diesen Lebensbereichen große Unsicherheiten, Zweifel und Ängste. Und oft genug bleiben sie mit ihren Problemen, Sorgen und Nöten allein. So ergeht es auch den jungen Leuten in den drei ganz unterschiedlichen Situationen des Filmes:

– Jane und Heike, zwei 19jährige Mädchen, sind eng befreundet und verbringen sehr viel Zeit miteinander. Sie haben noch keinen festen Freund, schwärmen jedoch für bestimmte „Typen" und wollen ihre Aufmerksamkeit auf sich lenken. Mehr als das Interesse an Sexualität steht bei ihnen der Wunsch nach Zärtlichkeiten an erster Stelle. Fast noch wichtiger erscheint ihnen das Reden mit anderen über das, was sie bewegt: über ihre Gefühle und Empfindungen, über ihre Enttäuschungen und Mißerfolge.

- Max, 20 Jahre, ist zur Zeit ohne feste Freundin, hat aber viele Freunde. Dennoch glaubt er: Ab einem bestimmten Alter erwarten die anderen, daß man zu zweit auftritt – andernfalls wird man zum Außenseiter gestempelt. Schon frühzeitig hat er den Druck, ja die Zwänge der Clique – der Gruppe der Gleichaltrigen – am eigenen Leib erfahren: Man muß einfach eine Freundin haben! Da er diesen Erwartungen nicht entspricht, wird er oft genug zum Gespött der anderen, lassen sie ihn links liegen. Auch bei den Mädchen hat er das Gefühl, daß sie gewisse Ansprüche an ihn richten, ohne daß er sie erfüllen will oder kann.
- Charlotte und Viktor sind seit ein paar Jahren eng befreundet, leben aber nicht zusammen. Vielleicht ist es ein Versuch, selbständig zu werden oder selbständig zu bleiben. Zugleich wollen sie der Gefahr routinemäßiger Gewöhnung entgehen und ihre Sehnsucht nach Liebe und Zärtlichkeit wachhalten. In ihren Gesprächen geht es ihnen weit weniger um sexuelle Praktiken oder gar Techniken. Viel wertvoller sind ihnen die Erfahrungen, die sie miteinander machen. „Wenn man verliebt ist, hat man Bauchweh," meint Viktor. Seiner Meinung nach dringt die Liebe über den Bauch ins Herz vor. Und wenn man keine Bauchschmerzen mehr hat, „ist das ein schlechtes Zeichen." Bevor sie über Heirat und Familie nachdenken, geht es ihnen zunächst einmal um Lebenserfahrungen, die sie – jeder für sich und im Zusammensein – sammeln möchten.

2. Was man zum Thema wissen sollte

Sexualität in der Jugendzeit kennt eine große Palette verschiedenster Ausdrucksformen. Um den eigentlichen Geschlechtsverkehr geht es vielen Jugendlichen weit weniger als Erwachsene ihnen allzu leichtfertig unterstellen. Promiskuitives Verhalten ist den meisten von ihnen fremd. Sie sehen den „ganzen Menschen" und keineswegs nur den Ausschnitt „Sexualität". Sie wollen selbst als Person gemeint sein und den anderen als Person annehmen dürfen. Diese *ganzheitlich-personale* Sichtweise von Freundschaft, Liebe und Sexualität drückt sich aus in der Hoffnung nach gegenseitiger Annahme und Bestätigung, nach

Geborgenheit und Solidarität, nach Treue und Verläßlichkeit. Das alles suchen junge Leute heute mehr denn je, da sie in vielen anderen Lebensbereichen, wie Schule, Ausbildung, Beruf, Freizeit, Öffentlichkeit, eher gegenteilige Erfahrungen machen müssen. Da wird leider oft genug nur *„etwas“* von ihnen gewünscht und anerkannt: ihre jugendliche Schaffenskraft, Auffassungsgabe, Beweglichkeit, Dynamik.

Hunger nach Zärtlichkeit

Je tabufreier heute über Sexualität gesprochen und je brutaler und zynischer Sexualität in aller Öffentlichkeit gehandelt wird, um so stärker wachsen Wunsch und Sehnsucht nach „dem ganz anderen“: nach Zärtlichkeit, Liebkosung, menschlicher Nähe und Wärme. Bei vielen Jugendlichen ist geradezu ein „Hunger“ nach neuer Zärtlichkeit auszumachen:

– Zärtlichkeit im Sinne aufrichtiger Zugewandtheit
– Zärtlichkeit im Sinne ungeteilter Aufmerksamkeit
– Zärtlichkeit im Sinne gegenseitiger Wertschätzung.

Anonymität, Funktionalität, Leistungsdenken, Konsumzwang sind charakteristische Kennzeichen unserer heutigen Gesellschaft. Sie bleiben nicht ohne Auswirkungen auf den intimsten Bereich menschlichen Zusammenlebens. Mehr und mehr macht sich auch hier eine einseitige Anspruchshaltung breit, die Leistungen einfordert, zum Konsumdenken neigt und entsprechend eher auf episodenhafte Erlebnisse und oberflächliche Reize ausgerichtet ist. Diese Tendenz erfaßt mehr oder weniger alle Altersgruppen. Demnach erleben gerade Jugendliche das Spannungsfeld zwischen weitverbreiteter Lust- und Genußzentriertheit und eigener (insgeheimer) Wünsche und Bedürfnisse nach Vertrautheit und Intimität, nach Leibnähe und Liebkosung als ein Wechselbad widerstreitender Empfindungen und Gefühle.

Von Werten und Normen

Wir können heute feststellen, daß die herkömmlichen Normen und Sitten, Traditionen und Moralvorstellungen weithin „aufgekündigt“ werden. Daß längst nicht mehr gilt, was früheren Generationen wichtig war. Aus dem Einstigen: Du darfst nicht; aus dem Herkömmlichen: Das ist nicht erlaubt, ist mittlerweile ein: *Du mußt!* geworden. Ab einem bestimmten Alter mußt du einen Freund / eine Freundin haben, mußt du diese oder jene Erfahrung gemacht haben, um mitsprechen zu können.

Junge Leute geraten heute bereits in frühem Alter in einen Werte- und Normenkonflikt. Hier – z. B. im Elternhaus – werden ihnen diese Werte und Normen vermittelt, dort – z. B. in der Gruppe der Gleichaltrigen – werden sie mit jenen Einstellungen und Haltungen konfrontiert. Nicht selten prallen „zwei Welten“ aufeinander mit völlig gegenläufigen Anforderungen und Erwartungen an die Jugendlichen, nicht zuletzt was ihr Verhalten in dem sensiblen Bereich von Freundschaft, Liebe, Sexualität angeht. So geraten viele von ihnen in einen inneren Zwiespalt, den sie ohne Hilfe „von außen“, ohne verständnisvolle Gesprächspartner kaum überleben können. Letztlich bleiben die meisten auf sich allein gestellt.

Die Frage nach *Sinn* und *Wert* menschlicher Sexualität drängt sich geradezu auf. Welche Werte stehen an im Bereich von Freundschaft, Liebe, Sexualität? Und welche Wertbedrohung gibt es? Der weitaus größte Teil der jungen Leute hat gerade heute ein feines Gespür dafür entwickelt, was für sie und für ihr Zusammensein von besonderer Bedeutung ist. Sie sind lebensgeschichtlich „unterwegs“: vom Kindsein zum Erwachsenwerden. Diese Zeit wird immer länger! Einerseits hat sich die biologische Reifung durch die Akzeleration mehr und mehr in die Kindheit vorgeschoben. Sie setzt heute schon mit etwa 12 bis 13 Jahren ein. Andererseits hat sich das Jugendalter durch die längere und qualifiziertere Ausbildungszeit nach hinten verlängert, mitunter sogar bis ins 29./30. Lebensjahr.

In dieser (verlängerten) Übergangsphase kommt es zur *Werteprüfung* und *Werteannäherung*. Welche Werte sind für mein Leben, für meine Freundschaft, für meine Liebe, für meine Sexualität wichtig, ja lebensbedeutsam? Bei der Wertevermittlung sind Dialogpartner – Eltern, Lehrer, Seelsorger, Freunde – unersetzlich. Werte können nur *personal* „rübergebracht“ werden! Sie werden an glaubwürdigen Menschen festgemacht.

Sinn-Vielfalt menschlicher Sexualität

Der Mensch *hat* nicht Sexualität wie er andere Organe oder Arme und Beine hat; er *ist* sexuelles Wesen. Als Mann oder Frau ist er ganz wesentlich – „durch und durch“ – von seiner Geschlechtlichkeit geprägt. Sein Fühlen und Empfinden, sein Denken und Tun, sein Hoffen und Bangen sind nicht davon losgelöst zu sehen. Sexualität ist kein beliebig austauschbarer Teilbereich des Menschen, vielmehr berührt sie seine ganze Existenz, sein Personsein. Vielleicht sind wir deshalb im Bereich von Sexualität und Zärtlichkeit so überaus sensibel und verletzlich.

Menschliche Sexualität bedarf der Sinngebung. Als instinktungesicherte Wesen sind wir in unserem Verhalten nicht determiniert, weder vorherbestimmt noch festgelegt. Wir müssen unsere Sexualität ausformen und gestalten. Sie will gedeutet sein, damit sie uns etwas „bedeutet“. Wo Sexualität nicht über das vordergründige „Haben-wollen“ oder das selbstsüchtige „Besitzergreifen“ hinauskommt, wo sie sich verselbständigt, sich abkapselt von den umfassenden Lebenshoffnungen der Menschen, da wird sie im wahrsten Sinne des Wortes un-menschlich, da beutet sie aus und entfremdet die Menschen. Da wird sie bedeutungslos, weil sinnlos!

Menschliche Sexualität kennt eine *Sinn-Vielfalt.* Sie verhilft zur Selbstfindung (Identitätsaspekt), sie ermöglicht und stabilisiert Beziehungen (Beziehungsaspekt), sie will lust- und liebevoll erlebt sein (Lustaspekt), und sie ist nach wie vor auf Nachkommenschaft ausgerichtet (Fruchtbarkeitsaspekt). Sie ist auf vielfache Weise sinn-voll. Sexuelles Glück werden junge Leute auf Dauer nur dann finden, wenn sie *alle* Sinngehalte menschlicher Sexualität in den Blick nehmen und keinen gänzlich ausschließen.

Hier kann die christliche Anthropologie wichtige Hinweise geben. Sie sieht den Menschen als einmaliges, einzigartiges Geschöpf Gottes – „Gott schuf den Menschen als sein Abbild; als Abbild Gottes schuf er ihn. Als Mann und Frau schuf er sie“ (Gen 1,27). In dieser Gottebenbildlichkeit kommt in unmißverständlicher Weise die Gleichwertigkeit und Ebenbürtigkeit von Mann und Frau zum Ausdruck. Ein weiteres Merkmal ihrer personalen Würde – die Unaustauschbarkeit – geht nicht zuletzt auf eine entscheidende Aussage im Buch Genesis zurück: „Darum verläßt der Mann Vater und Mutter und bindet sich an seine Frau, und sie werden ein Fleisch" (Gen 2,24). Gegen heutige Tendenzen, den Menschen zu einer beliebigen „Tauschware" zu degradieren, setzt dieses Wort deutliche Zeichen.

Und noch eine Aussage spielt auf die ganzheitliche Sicht des Menschen an und führt aus einer bloßen Fixierung der Sexualität auf vordergründiges Lusterleben heraus. Im Buch Genesis heißt es an einer anderen Stelle: „Adam *erkannte* Eva, seine Frau; sie wurde schwanger und gebar Kain" (Gen 4,1). Die sexuelle Begegnung zwischen Mann und Frau wird hier mit dem Wort „erkennen" beschrieben. „Erkennen" meint weit mehr als episodenhaftes Erleben. Zwei Menschen entdecken sich, werden vertraut miteinander, beachten und achten sich, erkennen und anerkennen sich, verstehen sich und stehen füreinander ein. Sexualität drückt sich hier aus als umfassender Wunsch nach Wertschätzung, Annahme, Geborgenheit, Liebe.

Was jungen Leuten gesagt werden kann

Von dieser Sinn- und Werte-Vielfalt lassen sich in positiver Weise entsprechende Normen und Verhaltensregeln ableiten und – was heute unabdingbar wichtig ist – auch plausibel und nachvollziehbar erklären und begründen. Sie sind weit hilfreicher als die negativ umschriebenen Ge- und Verbote von einst („Du darfst nicht!"). Jungen Leuten kann dann gesagt werden: Weil Euch Eure Freundschaft, weil Euch Eure Liebe, weil Euch Eure Sexualität so wichtig und bedeutsam sind, geht behutsam miteinander um. Achtet darauf, daß Euer Partner sich als Person eben auch in seiner Freiheit definiert, daß er „ja" sagen kann, sich ebenso aber auch verweigern darf. Denkt daran, daß Zärtlichkeit und Liebkosung auf den verschiedenen Stufen des Kennen- und Verstehenlernens ihren je eigenen und angemessenen Ausdruck finden und die vielfältigen sowohl bereichernden wie auch beglückenden Erfahrungen aufgreifen und über Leib und Sinne „zur Sprache" bringen wollen. Laßt Euch in diesem Wachsen Eurer Beziehung von niemandem unter Druck setzen, weder von angeblich wohlmeinenden Freunden und von scheinbar „aufgeklärten" Cliquen noch von der vorherrschenden Meinung über das, „was man zu tun hat." Ihr habt Sorge zu tragen für Eure gemeinsamen Lebenshoffnungen und Lebensträume, für Eure Sehnsüchte nach gelingendem „Leben zu zweit". Ihr seid im letzten gleichermaßen für Euch wie für Euren Partner verantwortlich.

Wenn zwei miteinander schmusen...

Wenn junge Leute „so richtig" verliebt sind, vergessen sie alles um sich herum. Sie schmusen miteinander, flüstern sich zärtliche Worte ins Ohr, spielen ganz selbstvergessen das alte Spiel der Zärtlichkeit. Viktor hat wohl recht, wenn er im Film meint, daß die Liebe über den Bauch ins Herz vordringt. Schon die alten Griechen kannten dieses Bild: Ihren Liebesgott „Eros" stellten sie als einen ansehnlichen, geflügelten Jüngling dar, der seine Pfeile zielsicher mitten ins Herz der Verliebten abschoß. Verliebte erinnern sich dessen, wenn sie ihre Herzen an die Wand oder auf Briefpapier malen und beide jeweils mit dem Pfeil des Geliebten versehen.

Wer einen anderen liebt, will dessen Herz im Sturm erobern. Worte allein reichen da nicht aus. Über unseren Leib, über all unsere Sinne wollen wir den anderen sehen, hören, schmekken, riechen, greifen – und be-greifen. Wenn zwei miteinander schmusen, wollen sie ihre Liebe in lust- und liebevoller Weise zum Ausdruck bringen. Wohl zurecht sprechen wir in diesem Zusammenhang von der „Körpersprache". Über sie teilen wir uns mehr mit als wir gemeinhin denken.

Schmusen kennt aber auch die andere Seite. Aus dem Hebräisch-Jiddischen stammt die Redeweise: Mach' nicht solch einen Schmus. Gemeint ist damit das einschmeichelnde Zureden, das Schöntun, das Lobhudeln. Wenn zwei nur verliebt *tun,* dann machen sie „Schönwetter", dann wirkt das Ganze aufgesetzt und gewollt, dann wird der eine zum „Schmusi" des anderen. Liebe eignet sich nicht für durchsichtige Spiele. Niemand darf mit einem anderen Menschen spielen. Er würde ihn zutiefst kränken und verletzen.

Im „Kleinen Prinzen" von Antoine de Saint-Exupéry heißt es: „Du bist zeitlebens für das verantwortlich, was du dir vertraut gemacht hast." Wohl für keinen Lebensbereich ist diese Aufforderung so zutreffend wie für Freundschaft, Liebe, Sexualität.

3. Gesprächsimpulse

Nach einer ersten Gesprächsrunde über den Film mit seinen drei verschiedenen Situationen bieten sich für das weiterführende Gespräch – je nach Zusammensetzung des Gesprächskreises und der Interessenlage der Teilnehmer – folgende Gesprächsimpulse an:

Bei Eltern/Erwachsenen

1. Möglichkeit: Vergleich: damals – heute

– Wie ist in unserer Kindheit/Jugendzeit über Freundschaft, Liebe, Sexualität in Familie, Schule, Kirche, Gesellschaft gesprochen worden? Wer war damals unser Gesprächspartner, wenn wir Fragen und Probleme hatten?

– Wie erleben wir uns heute als Eltern von heranwachsenden Kindern: Welche Fragen und Probleme haben wir heute in der „anderen Rolle“ als Vater und Mutter, wenn es um Freundschaft, Liebe, Sexualität unserer Kinder geht?

2. Möglichkeit: Von Hoffnungen und Ängsten

– Welche Hoffnungen, Sehnsüchte, Träume, Wünsche, Erwartungen... verbinden Ihrer Meinung nach junge Leute mit Freundschaft, Liebe, Sexualität?

– Welche Fragen, Probleme, Sorgen, Zweifel, Ängste... haben junge Leute im Bereich von Freundschaft, Liebe, Sexualität?

Bei Eltern und Jugendlichen

Sinn und Werte menschlicher Sexualität

Entscheidungsspiel:
Jede Gesprächsgruppe (etwa sechs Teilnehmer) erhält folgende Kartenserie:

Sexualität

Glück	Treue
Lust	Zärtlichkeit
Rücksicht	Freiheit
Leistung	Spiel
Verantwortung	Wertschätzung
Befriedigung	Fantasie
Kommunikation	Verzicht
Entspannung	Geborgenheit
Hingabe	Zeugung

Zur Ergänzung:

Die Gruppen suchen zunächst sechs bis sieben Karten heraus, deren Aussagen für sie besonders wichtig sind, und bringen sie dann in eine Rangordnung. Die Karten, die sie in ihrer Aussage ablehnen, legen sie beiseite. Anschließend stellen alle Gruppen ihre Auswahl vor. Die Teilnehmer vergleichen die Ergebnisse und diskutieren sie.

Bei Jugendlichen

Was hat das mit *Sexualität* zu tun?

Entscheidungsspiel:

Tanzen Küssen Weinen Hingeben

Lachen Fordern Zärtlich sein

Spüren Begehren Zeugen Verzichten

Genießen Rücksicht nehmen Streicheln

Sich anschauen Verantworten Leisten

Entspannen Angreifen Sich binden

Versöhnen Wertschätzen Durchsetzen

Glauben Lieben

– Unterstreicht zuerst fünf bis sechs Begriffe, die für Euch besonders wichtig sind. Streicht dann die Aussagen durch, die Ihr völlig ablehnt.

– Sprecht anschließend in Eurer Gruppe über die Ergebnisse und tauscht Eure Meinungen aus.

Im Anschluß an die Einzel- und Gruppenarbeit erfolgt die Auswertung und der weitere Erfahrungs- und Meinungsaustausch in der Gesamtgruppe.

4. Literatur

Roland Breitenbach
Mit dir will ich leben
Auf dem Weg zur Ehe
Mainz 1987

Mill Majerus
Liebes-Worte
Antworten auf Fragen Jugendlicher zu Liebe und Sexualität
Deutscher Katechetenverein
München 1985

Peter Neysters
Heiraten? – junge Leute und die Ehe
Würzburg 1983[3]

Peter Neysters
Wir gehen miteinander
Würzburg 1988

Neue Männer – gibt es die?

Neue Männer überall – in Zeitungen und Zeitschriften, in Illustrierten und Magazinen, in Funk und Fernsehen, auf Plakatwänden und Litfaßsäulen, bei öffentlichen und privaten Diskussionen. Der Mann zwischen gestern und heute, zwischen alter und neuer Rolle, zwischen herkömmlichen und neuzeitlichen Anforderungen, zwischen Patriarchat und Partnerschaft. Der Mann – in der Sprache unserer Zeit – zwischen Softi und Chauvi: Produkt einer „neuen Bewegung"?

„Neue Männer braucht das Land", so der Titel eines Liedes. Gibt es bereits den „neuen Mann"? Wie sieht er aus? Was denkt und fühlt er, wie agiert und reagiert er? Wie wird er mit den äußeren und inneren Widersprüchen fertig? Der Film gibt schon mit seinen ersten Bildsequenzen eine vorläufige Antwort: die Vielfalt an „Männergesichtern" macht deutlich, daß es *das* Gesicht, *das* Profil des (neuen) Mannes nicht gibt und wohl auch niemals geben wird. Jeder Mensch hat sein ganz individuelles Gesicht! Und auch der Song „Männer" des bekannten Liedermachers Herbert Grönemeyer, der diesen Streifzug durch die Gesichterlandschaft heutiger Männerwelt musikalisch begleitet, will uns ins Bewußtsein rufen: Männer sind so – und doch ganz anders.

1. Zum Inhalt des Filmes

Der Film geht von diesen grundsätzlichen Überlegungen aus und zeigt drei grundverschiedene Männer (etwa) gleichen Alters in drei grundverschiedenen Lebenssituationen. Sie alle stehen „mitten im Leben", „stehen" sozusagen „ihren Mann". Und doch verstehen sie ihre Rolle als Mann ganz unterschiedlich, bringen sie ihre Männlichkeit auf je eigene Art und Weise zum Ausdruck.

Da ist zunächst Christian, der hart an sich arbeitet, um einmal seinen Lebenstraum verwirklichen zu können: als Jongleur im Zirkus aufzutreten. Auch wenn er ein wenig verträumt oder gar versponnen erscheint, so denkt er doch vielleicht mehr als andere junge Männer über seine zukünftige Rolle, über seine Rechte und Pflichten als Ehemann und als Vater eines oder mehrerer Kinder nach. Er will weg von dem Klischee: die Frau zu Hause, der Mann außer Haus. Beruf, Ehe und Familie will er in Einklang bringen, alles miteinander verknüpfen. Kindererziehung ist „Sache“ der Eltern. Als Vater will er für sein Kind dasein, auch wenn die „normale“ Arbeitswelt darauf kaum Rücksicht nimmt. Aber das alles ist erst noch Zukunftsmusik.

Ganz anders sieht es bei Klaus aus. Er ist mit 21 Jahren schon ein erfolgreicher Unternehmer. Er leitet einen Verlag mit 18 Mitarbeitern und gibt – welch Hintersinn(!) – die erste deutsche Zeitung für junge Aufsteiger in einer Auflage von 100000 Exemplaren heraus. Klaus kennt nur seine Arbeit, er geht ganz in seinem Beruf auf, ist sozusagen mit ihm „verheiratet“. Wer als Mann Karriere macht, wird kaum an eine mögliche Karriere seiner Frau denken. Für Klaus gilt die klassische Teilung: Da ihm keine Zeit bleibt für Haushalt und Kindererziehung, wird seine zukünftige Frau diesen familiären Bereich abdecken. Er selbst sagt zwar ausdrücklich „Ja“ zur Familie, aber sein Bild von Familie ist eindeutig von traditionellen Vorstellungen geprägt. Vater werden, das ist klar – Vater sein dagegen...

Im krassen Widerspruch zur Auffassung des Jungunternehmers lebt Bodo. Er ist nach der Geburt des ersten Kindes „Hausmann auf Zeit“. Den Erziehungsurlaub für die ersten 12 Lebensmonate des Kindes hat er sich mit seiner ebenfalls berufstätigen Frau geteilt. Das erste halbe Jahr ist sie bei dem Kind geblieben, für das letzte halbe Jahr hat er sich beurlauben lassen. Als Journalist kann er ohne Schwierigkeiten diese Zeit zu Hause bleiben und dann in den Beruf zurückkehren. Bodo sieht in dem Erziehungsurlaub des Mannes eine große Chance, sich als liebevoller Vater zu bewähren und eine ganz ursprüngliche Beziehung zu seinem Kind herzustellen. Aber der Rollentausch ist zeitlich begrenzt. Daß Bodo auf Dauer „Hausmann“ bleiben möchte, ist eher unwahrscheinlich. Eine Kinderfrau steht zur Diskussion an, wenn der Erziehungsurlaub abläuft. So ganz will er nicht aus seinem angestammten Beruf heraus. Der wirkliche Hausmann ist bis auf den heutigen Tag ein „Exote“, eine Seltenheit. Deshalb erregt er allerseits Aufsehen! Unter seinen Geschlechtsgenossen ruft er zumeist (noch) Kopfschütteln und Unverständnis, bisweilen auch Spott und Häme hervor. Das Klischee vom „Pantoffelhelden“ ist da schnell bei der Hand.

2. Was man zum Thema wissen sollte

Friedrich Schiller hat in seinem „Lied von der Glocke“ (1799) das traditionelle Rollenverständnis nicht nur der damaligen Zeit festgeschrieben:

> Der Mann muß hinaus
> ins feindliche Leben,
> muß wirken und streben
> und pflanzen und schaffen,
> erlisten, erraffen,
> muß wetten und wagen,
> das Glück zu erjagen.
> Da strömt herbei die unendliche Gabe,
> es füllt sich der Speicher mit köstlicher Habe,
> die Räume wachsen, es dehnt sich das Haus.
> Und drinnen waltet
> die züchtige Hausfrau,
> die Mutter der Kinder...

Dem aufgeklärten Zeitgenossen werden diese Zeilen nur noch ein mühsames Lächeln abringen. Die Welt der Arbeit (und die des Haushaltes) haben sich grundlegend geändert, aber mit ihr auch der Mensch mit seinen Einstellungen und Vorstellungen, mit seinen Einsichten und Ansichten? Zweifel sind da erlaubt. Das Schillersche Rollenverhältnis ist bis auf den heutigen Tag in vielerlei Hinsicht richtungsweisend geblieben. In den meisten Fällen heißt es nach wie vor: der Mann bleibt im Beruf, die Frau gibt ihre außerhäusliche Berufstätigkeit (vorübergehend) auf, wenn Kinder da sind.

Die „Fronten“ lockern sich

Und dennoch ist einiges in Bewegung geraten. Im Zuge der Gleichstellung der Frau in allen gesellschaftlichen Bereichen kommt es mehr und mehr zur Infragestellung von typisch männlichen und typisch weiblichen Rollen, von typisch männlichen und typisch weiblichen Aufgaben und Funktionen. Die starren Fixierungen sind durchbrochen. So eindeutig kann heute niemand mehr bestimmen, was „Sache“ der Frau und was „Sache“

des Mannes ist. Vielmehr ist es zusehends in das Ermessen der einzelnen Eheleute und Eltern gestellt, wie sie ihre Rollen und Aufgaben in Ehe und Familie, Beruf und Freizeit definieren und möglichst gerecht untereinander aufteilen.

Daß das weithin noch nicht in dem Maße gelingt wie gerade junge Leute es sich vorher ausmalen (Beispiel: Christian), hat mit ihrer entscheidenden Prägung in Kindheit und Jugendzeit durch Eltern und Geschwister zu tun. So manche Söhne, gleich welchen Alters, werden auch heute noch von ihren Müttern als „kleine Paschas“ (v)erzogen. Eine derart „revolutionäre“ Entwicklung, wie sie die Emanzipation der Frau darstellt, kann nicht so ohne weiteres von heute auf morgen, nicht von einer Generation auf die andere gelingen. Da bleiben weder Unverständnis und Mißbilligung noch Enttäuschung und Verbitterung aus – auf beiden Seiten. Was grundsätzlich für berechtigt angesehen und gebilligt wird, muß noch längst nicht im Konkreten auch vollzogen werden. Die Zustimmung zur Gleichwertigkeit und -berechtigung der Geschlechter bleibt in vielen Fällen ohne Konsequenzen im Alltag. Nach wie vor trägt die Frau – zumal die berufstätige – meist allein die Mehrfachbelastung in Familie, Haushalt, Beruf.

Ganz unterschiedliche Reaktionen

Aber die Fronten weichen auf. Es gibt nicht mehr die eindeutigen Domänen von Mann und Frau. Die Männer spüren deutlich oder erahnen zumindest, daß die Bestrebungen der Frau nach gleichberechtigter Partnerschaft in allen Lebensbereichen unaufhaltsam auf sie zukommen. Sie zeigen dabei höchst verschiedenartige Reaktionen:

1. Die einen blocken unwirsch ab, d. h. sie sehen in dieser Entwicklung lediglich eine Gefahr. Sie stempeln die Selbstverwirklichung der Frau als selbstsüchtiges Verhalten ab, die eindeutig zu Lasten von Ehe und Familie gehe und den häuslichen Frieden empfindlich störe. Die Frau vernachlässige die Kinder, profiliere sich auf Kosten des Mannes. Die „Sündenziege“ für eheliche und familiäre Konflikte und Krisen ist damit dingfest gemacht!

2. Die anderen zeigen angeblich Entgegenkommen. Sie stehen den Forderungen und Ansprüchen der Frauen keineswegs abgeneigt gegenüber, halten sie sogar weitgehend für berechtigt. Sie haben nichts gegen eine außerhäusliche Berufstätigkeit oder ein soziales, politisches oder kirchliches Engagement ihrer Frau einzuwenden. Aber bei der praktischen Umsetzung partnerschaftlichen Verhaltens tun sie sich schwer. Die anfallenden Hausarbeiten überlassen sie nach wie vor der Frau. Es bleibt bei vordergründigen Lippenbekenntnissen.

3. Wieder andere sehen in dieser Entwicklung eine einmalige Chance für ihre Ehe und Familie, nicht zuletzt für sich persönlich. Der Lebenshorizont weitet sich, wenn möglichst alle Lebensbereiche einbezogen sind und es keine Festlegungen auf einige wenige gibt. Dadurch werden allzu große Abhängigkeiten vermieden. Verstärkte Familientätigkeit des Mannes und verstärkte außerhäusliche Tätigkeit der Frau in möglichst guter Absprache und im partnerschaftlichen Miteinander können für die Ehe bereichernd sein und zur Zufriedenheit und Ausgeglichenheit beider Partner beitragen. Auch die Kinder erleben dann Vater und Mutter von einer „ganz anderen Seite".

Ehe- und familienfeindliche Tendenzen

Männer haben vielfach nicht die Gelegenheit und die Zeit, wirklich Ehepartner und Vater zu sein. Ihre Kräfte werden heute voll und ganz beansprucht vom Beruf und darüber hinaus oft genug vom politischen, sozialen oder kirchlichen Einsatz. Wie der erfolgreiche Jungunternehmer Klaus gehen nicht wenige „ganz" in ihrer Arbeit auf und sehen in der beruflichen Karriere ihr alleiniges Lebensziel. Für die eigene Ehe und Familie bleiben kaum mehr Zeit und Energie übrig. Der Beruf ist für manchen Mann zu einem Fluchtort aus der Ehe geworden.

In einer Frauengruppe wurde folgende „Karikatur" des heutigen Ehemannes und Vaters gezeichnet:

Der Mann ist:

WERKMEISTER
BETRIEBSRAT
HAUSEIGENTÜMER
AUTOBESITZER
SCHULPFLEGSCHAFTSVORSITZENDER
SPORTKAMERAD
KIRCHENVORSTANDSMITGLIED
SCHÜTZENKÖNIG
PARTEIGENOSSE
KARNEVALSPRÄSIDENT

und auch noch:

Ehemann und Vater.

Karikaturen überzeichnen, aber sie spiegeln ein Stück Lebenswirklichkeit wider. Außerhäusliche Verpflichtungen schreiben auch heute noch viele Männer „groß“, eheliche und familiäre Belange hingegen „klein“. Die Gewichte verschieben sich in eine bedrohliche Schieflage. So manche Frau erfährt aus dem Munde ihres Mannes, daß sie zwar nach wie vor für ihn „der wichtigste Mensch“ auf der Welt sei, aber in Wirklichkeit hat anderes Vorrang.

Während sich viele Frauen gerade im personal-ganzheitlichen Bereich weiterentwickeln, „bleiben“ hier viele Männer „stehen“. Ihre Entwicklung ist oft genug begrenzt auf die berufliche Aus- und Weiterbildung. Im emotionalen, sozialen oder auch religiösen Bereich zeichnen sich weithin keine Veränderungen ab. Ehe versteht sich heute mehr denn je als gemeinsamer Lebensweg. *Beide* Partner sind unterwegs, in Be-*weg*-ung. Geht einer weiter, während der andere auf der Stelle tritt, entsteht eine Kluft zwischen den Partnern. Je größer sie wird, umso unüberbrückbarer erscheint sie beiden. Die Ehe ist aufs höchste gefährdet.

Es liegt nicht allein an der mangelnden Bereitschaft oder dem fehlenden Willen des Mannes, sich mehr als bisher als ein zärtlicher Ehemann und liebevoller Vater auszuweisen. Es gibt auch ehe- und familienfeindliche Tendenzen in unserer Gesellschaft, nicht zuletzt in unserer Arbeitswelt. Wer in seinem Beruf keine Emotionen, keine Schwächen, keine Fehler zeigen darf, wer sich mehr denn je in einer Zeit knapper Arbeitsressourcen dem Konkurrenzdruck seiner Kollegen ausgesetzt sieht, wer zunehmend Funktionalität, Rationalität, Anonymisierung und Bürokratisierung am Arbeitsplatz erlebt, der kann das alles nicht so ohne weiteres hinter sich lassen, wenn er am Ende eines Arbeitstages nach Hause kommt. Der kann dann nicht plötzlich Gefühle zeigen, Zärtlichkeiten austauschen, menschliche Wärme und Nähe spüren lassen. Gesellschaftliche Bedingungen schaffen heute oft genug den Mann in seiner Männlichkeit, der er eigentlich im letzten gar nicht sein will. Ohne grundlegende Veränderung im „Bild" des Mannes am Arbeitsplatz, in der Öffentlichkeit, in den Medien, in der Werbung gibt es keinen „neuen" Mann". Es bleibt dann beim alten „Mannsbild"!

3. Gesprächsimpulse

1. Möglichkeit: Männerbilder heute

- Der Song „Männer" von Herbert Grönemeyer, auch Eingangslied des Filmes, wird per Schallplatte oder Kassette in seiner ganzen Länge vorgespielt und anschließend in seinen Einzelaussagen diskutiert.

- Es werden „Männerbilder" aus Zeitschriften, (Herren-)Magazinen, Illustrierten, Werbung (Plakate/Anzeigen) vorgelegt und in ihrer vorder- und hintergründigen Aussagewirkung überprüft und besprochen.

- Es werden eigene „Männerprofile" hergestellt, indem angeblich „typische" Eigenschaften und Verhaltensweisen (einschließlich Klischees) des heutigen Mannes gesammelt und festgehalten werden. Die genannten Eigenschaften usw. werden auf Karten oder Streifen aufgeschrieben und diese dann in das „Männerprofil" (Schablone aus Styropor oder Umrißzeichnung an der Tafel oder auf Plakatkarton) aufgeklebt.

2. Möglichkeit: Zeitbudget

Es geht um das Zeitbudget des Mannes. Wie teilt er die ihm zur Verfügung stehende Zeit auf? Wieviel Zeit wendet er auf für seinen Beruf, für seine Ehe, für seine Kinder, für seine ehren- oder nebenamtlichen Tätigkeiten in Politik, Verbandswesen, Kirche, für seine Hobbies usw.? Dabei ist interessant die unmittelbare Gegenüberstellung der Aussagen der anwesenden Männer mit denen ihrer Frauen und Kinder.

a. Alle Teilnehmer erhalten einen Papierbogen und einen Bleistift oder Kugelschreiber.

b. Sie zeichnen einen großen Kreis auf das Papier.

c. Diesen Kreis – ihr gesamtes „Zeitbudget" – unterteilen sie – je nach zeitlicher Gewichtung der entsprechenden Lebensbereiche und Tätigkeiten – in verschieden große Ausschnitte.

Beispiel:

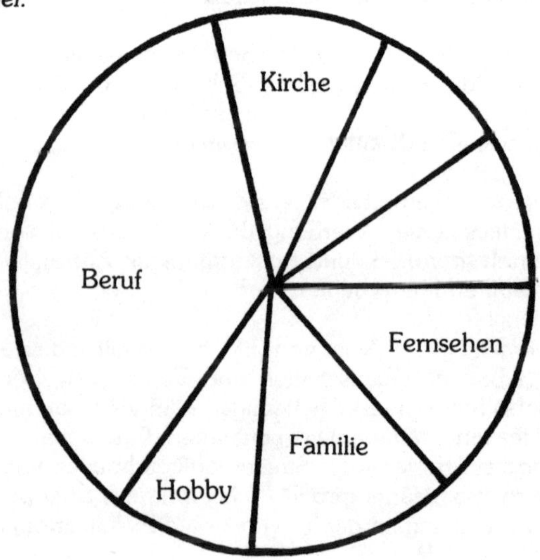

d. Frauen und Kinder / Jugendliche teilen das Zeitbudget des Mannes / des Vaters aus ihrer Sicht auf.

e. In kleinen Gesprächsgruppen – vielleicht getrennt nach Männern, Frauen und Kindern / Jugendlichen – werden die Ergebnisse ausgetauscht und diskutiert.

f. Im Plenum werden die (oft unterschiedlichen) Zeitbudgets der Männer mit denen aus der Sicht der Frauen und Kinder / Jugendlichen verglichen und besprochen.

g. Abschließend werden Hintergründe, Ursachen, Motive persönlicher wie gesellschaftlicher Art diskutiert, die die „Lage" der Männer maßgeblich bestimmen.

4. Literatur

Siegfried R. Dunde (Hrsg.)
Neue Väterlichkeit
Von Möglichkeiten und Unmöglichkeiten des Mannes
Gütersloh 1986

Gotthard Fuchs (Hrsg.)
Männer
Auf der Suche nach einer neuen Identität
Düsseldorf 1988

Hubert Heeg (Hrsg.)
Machen Männer die Ehe kaputt?
Zur Rolle des Mannes in Ehe, Familie und Beruf
AKF-Berichte, Heft 27/28
Bonn 1988

Walter Hollstein
Nicht Herrscher, aber kräftig.
Die Zukunft der Männer
Hamburg 1988

hennes

Frauen in neuen Rollen

Die junge Frau, die wir in den ersten Szenen dieses Films erleben, will ihr Leben selbst gestalten. Sie tut es auf ihre Weise: selbstbewußt und unabhängig. So wie sie denken und handeln heute viele Frauen, vor allem die jungen. Sie wollen ihren Lebensplan nicht mehr von traditionellen Vorgaben und Normen bestimmen lassen, sondern suchen neue Rollen. Der Film zeigt an einigen Beispielen, wie das heute aussehen kann.

1. Zum Inhalt des Films

Elke ist eine junge Frau, die nach dem Sozialstudium verschiedene Tätigkeiten ausgeübt hat, ehe sie Bäuerin auf dem Lande geworden ist. Sie sagt gleich zu Anfang, daß sie sich selbst finden wollte. Auf dem Bauernhof hat sie ein selbständiges Arbeitsgebiet mit einem eigenen Einkommen. Sie lebt zusammen mit Friedel, dem Sohn der Bauersfamilie, der ursprünglich den Hof nicht übernehmen wollte, ihn jetzt aber doch gemeinsam mit Elke bewirtschaftet. Elke und Friedel haben zwei Kinder, sind aber nicht verheiratet. Auf dem Hof teilen sie sich ihre Aufgaben, wechseln in der Kinderbetreuung ab und haben ihre Bereiche klar abgesteckt, damit jeder eigenständig und selbstverantwortlich leben kann. Elke sieht in dieser Form die Verwirklichung ihres Lebenstraumes, Arbeit und Zusammenleben mit Mann und Kindern verbinden zu können. Für sie ist die jetzige Situation „das Gelbe vom Ei“. Aus ihrer politischen Auffassung heraus, sich als Frau nur mit Frauen zur Befreiung der Frauen solidarisieren zu können, hat sie nicht geheiratet. Ihr kämpferischer Feminismus ist sehr ausgeprägt. Die Altbäuerin sieht die Dinge weniger ideologisch. Sie freut sich, daß sich diese junge Frau gefunden hat, die mit ihrem Sohn zusammen den Hof bewirtschaftet und respektiert die unkonventionelle Lebensform der beiden.

Zum Bekanntenkreis von Elke gehört Mechthild, eine Ärztin, die in einer Wohngemeinschaft lebt. Sie ist verheiratet mit einem Arzt, wechselt sich mit ihm aber im Job-Sharing alle zwei Jahre ab zwischen Berufstätigkeit, Haushalt und Kindererziehung. Die

Wohngemeinschaft verschafft ihr persönlichen Freiraum, weil unter den Mitbewohnern die häuslichen Aufgaben alle vier Wochen verteilt werden. Die Arbeit als Ärztin im Krankenhaus hat ihr Bestätigung und Anerkennung gebracht. Andererseits bezeichnet sie es als schön, durch das Job-Sharing Zeit für ihre Kinder zu haben.

Ganz anders ist die Situation bei dem Arzt-Ehepaar, das als drittes Beispiel vorgestellt wird. Die Ehefrau Monika bezeichnet sich selbst als emanzipiert in dem Sinne, daß sie ihrem Beruf als promovierte Pädagogin nachgehen kann; aber sie weiß sich in ihre Familie eingebunden und von ihr getragen. Als Tochter eines Theologen brach sie das Studium ab, als sie den aus Syrien stammenden Antonio kennenlernte. Er zog sie an, weil er nicht das übliche Rollenverhalten der deutschen Männer zeigte. Die beiden heirateten und kamen von Anfang an überein, daß sie sich gemeinsam den Haushalt teilen. So haben sie es auch gehalten, als Kinder kamen, die sehr früh zur Selbständigkeit erzogen und an den Arbeiten im Haushalt beteiligt wurden. Die Kinder sind heute stolz, daß ihre Mutter ihren eigenen Beruf hat und nicht „nur Hausfrau" ist. Sie glauben, daß es in ihrer Familie so gut klappt, weil die Rollen nie ganz festgelegt sind, sondern jeder Pflichten übernimmt. Frau Mechthild versucht in ihrer Lehrtätigkeit die gängigen Vorurteile abzubauen, daß Erziehung mit geschlechtsspezifischer Arbeitsteilung verbunden sein müsse. Sie sieht die Vorstellungen von Mütterlichkeit, die heute noch vorherrschen, als Produkt einer patriarchalischen Weltauffassung an und wendet sich dagegen, daß Kinder immer noch nach den alten Rollenbildern von Mann und Frau erzogen werden.

Elke, Mechthild und Monika sind drei Frauen unterschiedlichen Lebensalters, die auf ihre Weise aus den alten Rollenvorstellungen herauszukommen trachten.

2. Was man zum Thema wissen sollte

In einem „Ratgeber für höhere Töchter" aus dem Jahre 1850 heißt es: „Das junge Mädchen lerne beizeiten die Grundlagen seiner Bestimmung, dem Manne eine treuergebene Frau und ihren Kindern eine gutsorgende Mutter zu sein. Deshalb übe es mit Eifer die Kunst des Kochens und Putzens, des Schneiderns und der Blumenpflege. Vor einem hüte sich das Mädchen jedoch: vor dem Lesen von Büchern und Zeitschriften. Denn Lesen ist Müßiggang, der nicht nur von den wichtigen Aufgaben ablenkt, sondern auch verderbliche Ideen in den Kopf setzt".

Dieser Ratgeber umschreibt die traditionelle Rolle der Frau, wie sie bis zum Beginn unseres Jahrhunderts galt: treusorgende Ehefrau und Mutter zu sein, sich für Mann und Kinder aufzuopfern. Die drei großen K's, „Küche, Kinder, Kirche" bildeten lange Zeit hindurch die Leitlinien für diesen Lebensplan der Frau. Die Vorrangstellung des Mannes ging bis zur Einführung des Bürgerlichen Gesetzbuches im Jahre 1900 sogar soweit, daß er das Recht hatte, seine Frau bei Nichterfüllung ihrer Pflichten zu züchtigen. Bildung wurde für die Frau (mit Ausnahme der Angehörigen des Adels) als „unnatürlich" betrachtet. Zum Hochschulstudium sind Frauen erst seit 1908 an allen deutschen Universitäten zugelassen, wurden aber auch dann noch lange als „Blaustrümpfe" diffamiert.

Rollenverständnis früher

Ihr „Glück" suchte die Frau in der Ehe, die oft nicht aus Liebe geschlossen wurde, sondern zur sozialen Sicherung. Sie fand Erfüllung nicht nur im Haushalt als Frau und Mutter, sondern verwaltete auch die wirtschaftlichen Güter in der Landwirtschaft oder im Handwerksbetrieb. Ihr sexuelles Leben diente dem Kinderkriegen. Damals galt die Frau, die unverheiratet blieb, weil sie keinen Mann „mitbekam", als „Mauerblümchen".

Emanzipation im 19. Jahrhundert

Die Auflösung des alten Rollenverständnisses setzte im 19. Jahrhundert ein und hatte mehrere Ursachen. Im Zuge der politischen Revolutionen für Freiheit und Gleichheit forderten plötzlich auch Frauen diese Rechte. Hinzu kam die industrielle

Revolution. Sie brachte eine Trennung von Arbeitsplatz und Wohnung mit sich. In den Fabriken wurden Arbeitskräfte gebraucht. Frauen traten aus dem häuslichen Kreis heraus und mußten zum Broterwerb beitragen, der nun vor allem in den Schichten des Proletariates nicht mehr Privileg und Hauptaufgabe des Mannes war (das Kapitel Kinderarbeit muß hier ausgeschlossen bleiben). Doch die Fabriktätigkeit bedeutete für Frauen eine „Befreiung nach unten", aus der Abhängigkeit im Haus in die Abhängigkeit der Lohnarbeit. So schlossen Frauen sich zu Arbeiterinnenvereinen zusammen, doch erst gegen Ende des 19. Jahrhunderts kam es zu organisierten Bewegungen für die Gleichberechtigung im Bereich der Arbeit, im Wahlrecht, aber auch in Kunst und Bildung.

Neues Ziel Selbstverwirklichung

Knapp hundert Jahre später, Ende der 80er Jahre unseres Jahrhunderts, hat sich die Situation für die Frau wesentlich geändert. Zumindest in der Theorie bestehen für sie die gleichen Möglichkeiten der Lebensgestaltung in Familie, Beruf und Gesellschaft wie für Männer.

In der Praxis herrschen nach wie vor viele Ungleichheiten, Vorurteile, Diffamierungen. Zwar stehen Frauen heute alle Bildungsmöglichkeiten offen, doch sowohl der Gesamtanteil der Frauen am Studium als auch insbesondere ihr Anteil an den technischen Studiengängen ist noch unverhältnismäßig klein. Gerade der technisierte Arbeitsbereich bleibt Frauen heute nach wie vor verschlossen, zum Teil aus den alten Vorurteilen heraus, daß dies „typisch männliche" Berufe seien, während beispielsweise Lehrberufe als „typisch weiblich" gelten. Und in den meisten Berufen wird auf Frauen längst noch nicht überall der Grundsatz „gleicher Lohn für gleiche Arbeit" angewandt.

Andererseits haben die Möglichkeiten der allgemeinen Schul- und Berufsausbildung sowie Berufstätigkeit dazu geführt, daß viele Frauen wirtschaftlich unabhängig sind. Eine Ehe bedeutet für sie nicht mehr Voraussetzung für soziale Sicherung.

Berufsarbeit vor Ehe und Familie

So haben die Frauen heute auch eine andere Vorstellung von der Gestaltung ihres Lebens als es ihr früheres Rollenverständnis vorschrieb. Das geht eindeutig aus Trendbeobachtungen über Rollen- und Bewußtseinsveränderungen der Frauen hervor, die der Soziologe Prof. Gerhard Schmidtchen bei einer Untersuchung in der Bundesrepublik Deutschland gemacht hat. Sein Resumée: „Die Berufsrolle hat steigende Bedeutung, und die Biographien der Frauen werden zunehmend durch den Beruf und nicht mehr durch die Ehe organisiert."

Die wichtigsten Trends, die aus dieser repräsentativen Untersuchung hervorgehen, sind:

- Heirat gilt für Frauen, insbesondere der jungen Generation, nicht mehr als die einzige Chance, eine Lebensrolle zu erwerben.

- Das Ideal, unabhängig zu sein, ist nur mit Hilfe des Berufs zu erreichen. Daher werden Eheschließung und vor allem Familiengründung hinausgeschoben.

- Berufsarbeit wird von der Mehrzahl der Frauen weitaus höher bewertet als die Führung des Haushaltes u. a., weil sie in ihrem Beruf viel mit anderen Menschen zu tun haben. Wissenschaftler nennen das den Wunsch nach Interaktion und Kommunikation.

Eine Berufstätigkeit macht Frauen also nicht nur wirtschaftlich unabhängig und verhilft ihnen zu einem eigenen Selbstwert, sondern dient auch einer Selbstverwirklichung, die sie in ein größeres soziales und gesellschaftliches Umfeld hineinstellt. Durch die Berufstätigkeit bleiben Frauen nicht mehr auf Haus und Familie begrenzt, sondern können andere Fähigkeiten, Bezugsfelder und Persönlichkeitserweiterungen erreichen. Kein Wunder, wenn der Anteil der verheirateten Frauen am Erwerbsleben sich im letzten Jahrzehnt verdoppelt, der Anteil der berufstätigen Frauen mit Kindern sogar verdreifacht hat. Heute sind bei uns die Hälfte aller Mütter berufstätig, wobei wiederum der Anteil der Frauen mit Kleinkindern ständig steigt.

Doch diese Entwicklung hat auch ihre Schattenseiten, denn viele Frauen erfahren eine Mehrfachbelastung, die oft an die Grenzen der Kraft führt. Zugleich berufstätig und Hausfrau zu sein, zugleich außerdem noch Mutter und Ehefrau zu sein, führt vor allem zu Konflikten in Ehe und Familie. Frauen können nur in neue Rollen hineinwachsen, wenn gleichzeitig die Männer aus ihren alten Rollen heraustreten und es zu neuen Verteilungen von Aufgaben kommt. Nicht von ungefähr werden heute von drei Scheidungen zwei von Frauen eingereicht, weil sie kein neues Rollenverhältnis finden.

Was ist weiblich?

Auf der Suche nach einer neuen Identität der Frau und nach neuen Rollen muß die Frage gestellt werden, ob es eine absolute Gleichheit zwischen Mann und Frau gibt, ob also die Ausprägungen dessen, was wir typisch weiblich und typisch männlich bezeichnen, nur erziehungs-, umwelt- und entwicklungsbedingt sind. Es gibt zahlreiche Untersuchungen, die einen Unterschied zwischen männlich und weiblich herausstellen, etwa daß Mädchen besinnlicher und betulicher sind, Jungen motorischer und aktiver; daß Männer und Frauen sich im Wahrnehmen unterscheiden: Männer es funktionell tun, Frauen personenbezogen usw. Wissenschaftlich ist es unbestritten, daß es genetische, biologische, hormonelle und physiologische Unterschiede zwischen den Geschlechtern gibt. Es kann also nicht um Gleichheit gehen, sondern um Gleichwertigkeit. Deshalb fragt es sich letzten Endes, was dem Personwerden von Mann und Frau hilft, was es behindert, was also geändert werden kann und soll. Der Wiener Logotherapeut Viktor E. Frankl umschreibt diese Zielvorstellung folgendermaßen: „Worum es dem Menschen geht, das ist, einen Sinn zu erfüllen und Werte zu verwirklichen“.

Muttersein als Durchgangsstadium

Von daher gesehen, erhält auch das Muttersein der Frau eine neue Perspektive. Muttersein wird nicht mehr als die einzige Bestimmung der Frau angesehen, sondern als ein Durchgangsstadium. Ein Kind ist nicht nur Ur-Sehnsucht der Frau, sondern auch des Mannes. Kinder bestimmen nicht mehr das ganze

Lebensscript einer Frau, schon deshalb nicht, weil sie der Mutter (und dem Vater) rasch entwachsen (und vor allem die Frau dann ihrer „Bestimmung“ entzogen wäre). Das heißt nicht, daß Mütterlichkeit und Väterlichkeit ihren Stellenwert verloren hätten. Kaum noch umstritten ist, daß Babys und Kleinkinder eine gewachsene Mutter-, aber auch Vaterbeziehung brauchen. Deshalb ist es Aufgabe der Gesellschaft, dies der Mutter (und dem Vater) zu ermöglichen, sei es durch Mutter(Vater)schaftsurlaub und -geld, sei es durch Arbeitsplatzgarantien, Kinderbetreuung usw. Die Frau muß eine echte Entscheidungsmöglichkeit in allen Lebensabschnitten erhalten, frei wählen können zwischen Beruf und Muttersein, zwischen Hausarbeit und Rückkehr in den Beruf, zwischen Gelderwerbstätigkeiten und ehrenamtlichen Betätigungen. Die immer noch vorhandene gegenseitige Diskriminierung zwischen Berufstätigen und „Nicht-Berufstätigen“ behindert und belastet die Entscheidungsfreiheit.

In diesem Zusammenhang muß das erwähnt werden, was als „sexuelle Befreiung“ der Frau bezeichnet wird. Bedingt durch die neue Rollensicht, eine neue Bewertung der Sexualität und nicht zuletzt durch die Möglichkeiten der verantworteten Elternschaft, hat das Erleben der Sexualität für die Frau einen neuen Stellenwert erhalten. Die Erkenntnis, daß Sexualität ein Wesenszug des Menschen ist, spielt eine entscheidende Rolle für die Persönlichkeitsentfaltung der Frau, wobei für deren Ausprägung der ethische Wertkodex entscheidend bleibt.

Frausein in neuen Rollen

Frausein braucht keineswegs eine Begrenzung auf den Innenraum, Mannsein keineswegs eine ausschließliche Weltzuwendung zu bleiben. Funktionalität und Effizienz sind nicht nur im Leben eines Mannes wesensbestimmend, wie umgekehrt innere Stabilität und gefühlsstarke Personalität keine Domäne der Frau mehr sein können. Was die Entwicklung von männlichen Anteilen bei der Frau (und von weiblichen Anteilen beim Mann) betrifft, so lesen Psychotherapeuten sie in Bildern ab, die jedes Geschlecht vom anderen in sich trägt. Danach besitzt jeder Mensch Gleichgeartetes und Gegensätzliches auch vom anderen Geschlecht in sich, als Vorstellung, als Traumbild oder auch als Feindbild. Dabei darf es nicht zu einer Einebnung dessen kommen, was das Ur-Weibliche und Ur-Männliche ist, im Gegenteil: Gerade die Erfahrung der Frau als weiblicher Mensch muß als Gegenpol zur männlich-orientierten Emanzipation in unsere Gesellschaft eingebracht werden.

An die Stelle der alten Frauenrolle kann deshalb nicht die neue Rolle treten, sondern für Frauen öffnen sich viele neue Rollen, die allerdings im Widerstreit miteinander stehen. Eine unterschiedslose Angleichung an den Mann wird der Frau ebenso wenig gerecht, wie das traditionelle ausschließliche Dasein nur für andere. Das christliche Bild von einer Frau, das im Verlauf der Geschichte oft überlagert oder einseitig dargestellt worden ist, sieht Mann und Frau in gleicher persönlicher Würde als Geschöpfe Gottes. Diesem Bild entspricht weder eine egalitäre Gleichheit noch eine rangunterschiedliche Zuordnung der Frau zum Mann, ganz zu schweigen von einer Unterordnung. Für eine neues Zueinander, das mehr auf gegenseitige Selbstvervollkommnung als auf sich abgrenzende Selbstverwirklichung zielt, wäre wahrscheinlich die Suche nach der neuen Person Frau dienlicher als die Suche nach neuen Rollen.

3. Gesprächsimpulse

1. Möglichkeit: Meine Rollen

Sie nehmen viele Rollen wahr. Schreiben Sie links die Reihenfolge auf, in der Sie sich sehen, und rechts, in der Sie es lieber hätten.

Reihenfolge jetzt	*Rolle*	*Gewünschte Reihenfolge*
____________	Eigene Person	____________
____________	Ehepartnerin	____________
____________	Mutter	____________
____________	Erzieherin	____________
____________	Haushälterin	____________
____________	Berufstätige	____________

2. Möglichkeit: Typisch Frau

Kreuzen Sie links an, was traditionell als typisch Frau auf Sie zutrifft, ergänzen Sie rechts, was Sie auch sind (oder sein möchten).

______ zärtlich	______ rationell
______ emotional	______ zielstrebig
______ unlogisch	______ logisch
______ empfindlich	______ hart
______ feinfühlig	______ furchtlos
______ weich	______ aggressiv
______ schwach	______ souverän
______ nachtragend	______ kompromißbereit
______ rachsüchtig	______ ehrgeizig
______ ängstlich	______ vertrauenswürdig
______ fürsorglich	______ gläubig
______ sparsam	______ versöhnlich
______ treu	________________
______ fromm	________________
________________	________________
________________	________________
________________	________________

3. Möglichkeit: Mein Kindheitskoffer

Jeder Mensch hat in seinem Abstellraum seiner Wohnung einen Kindheitskoffer stehen. Darin sind alle jene Dinge enthalten, die er als Kind erhalten hat: zum Essen, zum Spielen, zum Lernen usw. Schreiben Sie auf, was in Ihrer Kindheit bestimmend war; ergänzen Sie die Liste, numerieren Sie nach der Wichtigkeit früher und heute; stellen Sie fest, was Sie nicht hatten, aber hätten brauchen können.

Inhalt	*Reihenfolge Wichtigkeit früher*	*Reihenfolge Wichtigkeit heute*	*Vermißt*
Puppen			
Spielküche			
Eisenbahn			
Kaufladen			
Soldaten			
Ball			
Strickzeug			
Elektrokasten			
Schleckereien			
schöne Kleider			
zerschlissene Kleider			
gute Schuhe			
Sportschuhe			
Bilderbücher			
Musikinstrumente			
Schallplatten			
Radio			
Fernseher			
Fotoapparat			
Bastel- und Klebesachen			
Weihwasserkessel			
Gebetbuch			
Seife und Zahnbürste			

4. Literatur

Simone de Beauvoir
Das andere Geschlecht
Reinbeck 1968

Deutsche Bischofskonferenz
Zu Fragen der Stellung der Frau
in Kirche und Gesellschaft
Bonn 1981

Luise Eichenbaum / Susi Orbach
Ganz Frau und wirklich frei
Düsseldorf 1984

Ernst Gutting
Offensive gegen den Patriarchalismus
Freiburg 1987

Anneliese Lissner / Rita Süßmuth / Karin Walter
Frauenlexikon
Freiburg 1988

Gerhard Schmidtchen
Die Situation der Frau
Berlin 1984

EHE

Durch dick und dünn – Verlauf einer Ehe

„Du hast dich verändert", das stellen Ehepartner oft fest, wenn sie schon längere Zeit verheiratet sind und Schwierigkeiten miteinander haben. „Es ist nicht mehr so wie damals", sagen sie und denken zurück an die Zeit, als sie verliebt waren, „blind" verliebt, wie ein gängiges Wort sagt. Wie immer Paare sich in ihrer Ehe einrichten: den Wandel, die Veränderung spüren sie alle so, wie die Beispiele in diesem Film erkennen lassen.

1. Zum Inhalt des Films

Kennen- und liebengelernt haben sich Bianca (Jg. 1948) und Kurt (Jg. 1947), als sie beide an der Volkshochschule in Mainz die „Mittlere Reife" nachmachen wollten. Der Wunsch zu heiraten kam bei beiden relativ schnell. Obwohl sie sich erst kurz kannten und ihre Eltern sich anfangs gegen ihre Ehe aussprachen. 1970 wurden Kurt, gelernter Stahlbauschlosser, und Bianca, Kinderpflegerin, staatlich und kirchlich getraut.

Schon im ersten Ehejahr fing es an zu „krachen". Offenbar waren die Erwartungshaltungen zu unterschiedlich, und beide hatten noch nicht gelernt, mit Konflikten umzugehen. Hilfe kam von außen durch eine Untermieterin, die ihre heftigen Auseinandersetzungen neutralisierte. Die Untermieterin war nicht mehr nötig, als 1971 die Tochter Eva geboren wurde. Eine Familie wollten sie immer gründen, und so kam 1974 Sohn Alf noch hinzu, weil Kurt und Bianca nicht wollten, daß Eva als Einzelkind aufwächst.

Sie haben Arbeitslosigkeit und die daraus sich ergebenden Spannungen und Probleme durchlebt und ihr Rollenspiel und ihre Arbeitsteilung in Balance gebracht. Sie sind durch „dick und dünn" gegangen und wollen es auch noch in Zukunft tun.

Bianca leitet zur Zeit die Geschicke einer eigenen kleinen Abrißfirma, weil die Rolle als Mutter/Hausfrau sie nicht auslastet und diese Arbeit auch einen Schutz gegen Arbeitslosigkeit bietet. Ihr Mann Kurt ist als Bauleiter bei ihr angestellt.

Kurt und Bianca denken schon darüber nach, wie es sein wird, wenn die Kinder das Haus verlassen werden. (Tochter Eva wird in diesem Jahr ihr Abitur absolvieren.) Beide haben sich vorgenommen ihre Urlaubswünsche nachzuholen, denn bisher konnten sie es sich nur selten erlauben zu verreisen.

Nach 20 Jahren Ehe haben sie sich „zusammengerauft“ und: wie sie sagen, „eine Basis ist immer noch da“.

2. Was man zum Thema wissen sollte

Früher schien alles in festen Normen zu verlaufen: Wenn ein Mann und eine Frau „den Bund fürs Leben“ schlossen, ob in freier Wahl oder von den Eltern arrangiert, ob aus „Vernunftgründen“ oder „aus Liebe“, dann traten sie in den „Ehestand“ ein. Und wie das Wort es besagt, war die Ehe ein festgefügter „Stand“, in dem jeder nach einem gängigen Klischee seinen traditionellen Platz hatte: Der Mann als das Oberhaupt, die Frau als die „Dienende“; der Mann als derjenige, der für den Lebensunterhalt zu sorgen hatte, die Frau als diejenige, die das Haus und die Kinder versorgte. Diese Aufgabenverteilung blieb bis zum Lebensschluß für beide Teile unverändert.

Fundament des Zusammenlebens von Mann und Frau war die christlich geschlossene Ehe. Sie galt als heilig und Ort des menschlichen Glückes.

Vor allem die Frau sah sich am Ziel ihres Lebens, wenn sie sich gut „eingeheiratet“ hatte. Der Dichter Adalbert Chamisso besang dies 1830 in seinem Gedicht: „Du Ring an meinem Finger, du hast mich erst belehrt, hast meinem Blick erschlossen des Lebens unendlichen Wert. Ich werd ihm dienen, ihm leben, ihm angehören ganz, hin selber mich geben und finden verklärt mich in seinem Glanz.“

Wenn es Probleme im Zusammenleben von Mann und Frau gab, wurden sie weder gezeigt noch angesprochen. Die festen Glaubensbindungen, die strengen Konventionen und die totale Einbindung in ein starres Sozialgefüge trugen einerseits zur (oft nur äußeren) Stabilität der Ehe bei, während sie andererseits eine Trennung und Scheidung fast ganz ausschlossen. Zwar hatte Napoleon schon 1807 im „Code civil" die Scheidung eingeführt, doch sie blieb mehr als ein Jahrhundert lang die Ausnahme.

Heute sind die Voraussetzungen und Grundbedingungen für die Ehe völlig anders. Dazu haben mehrere, verschiedenartige Entwicklungen beigetragen. In erster Linie ist die neue Rolle und das neue Selbstbewußtsein der Frau zu nennen. Die Frau ist nicht mehr diejenige, die froh ist, daß sie von einem Mann geheiratet wird und die ihm dann „treu zu Diensten" steht, sondern sie steht gleichwertig neben dem Mann, erwartet in der Ehe Partnerschaft mit ihm und auch in der Paarbindung möchte sie ihre Identität wahren. Das neue Selbstbewußtsein der Frau wird entscheidend dadurch mitbestimmt, daß ihr heute ebenso wie dem Mann – im Gegensatz zu früher – Wege zu Bildung und Beruf offenstehen, daß sie dadurch wirtschaftlich unabhängig sein kann und Ehe und Familie nicht mehr als einzigen Hort und Quell ihres „Glücks" braucht. Wenn die Frau eine Ehe eingeht, geschieht das nicht mehr, um versorgt zu sein, sondern sie sucht eine Bindung aus Zuneigung und Liebe. Das hat eine positive Seite, weil eine solche innere Bindung stärker ist als in einer Vernunft- und Versorgungsehe; es hat aber auch eine negative Seite, weil Liebesbindungen viel anfälliger und verletzlicher sind als materielle Bindungen.

Längere Ehezeit – kürzere Zeit als Familie

Die Bedingungen für eine Ehe sind heute auch durch zahlreiche gesellschaftliche Umbrüche verändert. Es gibt nicht mehr die Einbindung in starre Sozialstrukturen. In der Anonymität des Wohn- und Arbeitsfeldes ist jeder auf sich gestellt, kann tun und lassen was er will, braucht „auf das Gerede" der Nachbarn keine Rücksicht zu nehmen. Die Mobilität, die heute das Leben bestimmt, stellt ebenso andere Ansprüche an Ehepartner wie die Trennung von Wohn- und Arbeitsplatz. Schließlich kommen die längere Lebenserwartung hinzu, die planbare Zahl und Zeit für Kinder und ein gewandeltes Verhältnis zwischen Mann und Frau, vor allem im sexuellen Bereich.

Dazu ein paar Statistiken. Um 1900 dauerten die meisten Ehen weniger als 30 Jahre. Bei einer durchschnittlichen Kinderzahl von über 4 Kindern lebten die Eheleute dabei die ganze Zeit als „Familie mit Kindern". Wenn das letzte Kind erwachsen war, dauerte die Ehe statistisch nur noch drei Jahre, ehe ein Partner starb. Heute können Ehepaare mit einer Durchschnittsdauer von weit über 40, ja 50 Jahren des Zusammenlebens rechnen. Die Kinderzahl ist auf unter 2 abgesunken. Wenn die Kinder das Haus verlassen, steht den Ehepartnern im Durchschnitt noch einmal die gleiche Zeit von etwa 20 Jahren für ihr weiteres Eheleben zur Verfügung, bevor ein Partner stirbt. Für diese Entwicklung ist die Formel geprägt worden: „Mehr Ehe – weniger Familie".

Doch nicht alle Ehen sind mehr von solcher Dauer. Die Zahl der Scheidungen ist rapid gestiegen. Aus den Statistiken geht hervor, daß heute jede dritte Ehe scheitert. Dabei ist aufschlußreich, daß 40 Prozent der Scheidungen innerhalb der ersten fünf Ehejahre erfolgen, während 30 Prozent aller scheiternden Ehen nach etwa 20 Jahren Dauer aufgelöst werden. Diese Zahlen offenbaren zweierlei: In vielen jungen Ehen sehen die Partner ihre Vorstellungen und Erwartungen von einem gemeinsamen Leben nach wenigen Jahren nicht erfüllt und trennen sich schnell wieder. In vielen älteren Ehen kommt es zum Scheitern, wenn die Kinder aus dem Haus sind, die Ehepartner praktisch wieder auf sich selbst zurückgeworfen sind und feststellen müssen, daß sie nichts Gemeinsames mehr verbindet.

Beides sind aber Folgen jener traditionellen Ehe-Sicht, daß alles klappt, wenn der „Ehehafen" erreicht ist. Eheberater verwenden heute gerne das Bild, daß Eheleute mit der Hochzeit nicht schon angekommen sind, sondern erst „aufs Meer auslaufen" und eine lange Reise vor sich haben. Sie können einen festen Kurs steuern wollen, sie können bestens ausgerüstet sein, – letztlich bleiben sie Wind und Wellen ausgesetzt, werden zu Kursänderungen und Kurskorrekturen veranlaßt.

Erwartungen und Enttäuschungen

Die meisten Ehen, die heute geschlossen werden – es sind immerhin noch rund 350000 im Jahr, während gleichzeitig bereits

Ehe- und Familienzyklus um 1900

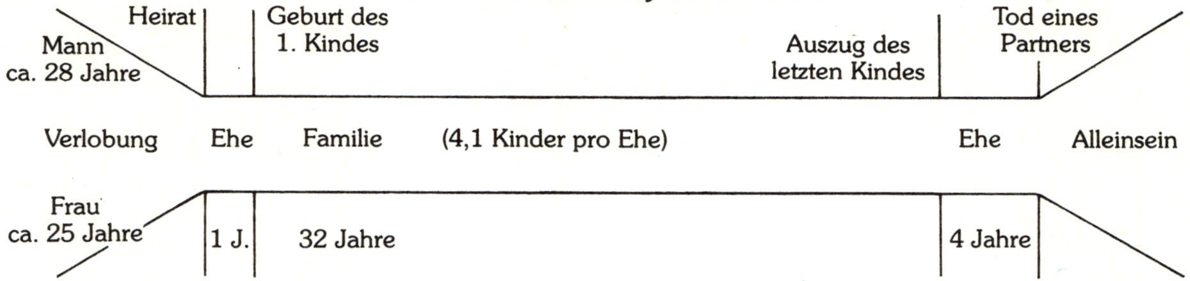

Ehe- und Familienzyklus 1986

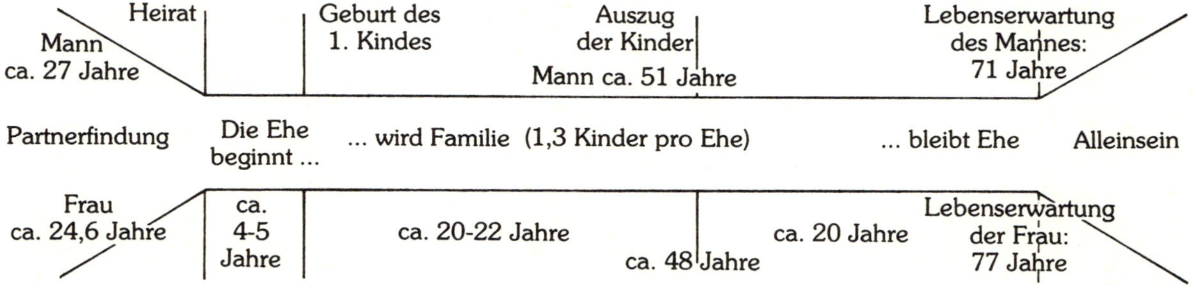

über eine Million Partner unverheiratet zusammenleben –, werden aus Zuneigung und Liebe geschlossen. Das alleine ist eine äußerst anfällige Basis. Im Stadium höchster Verliebtheit wird alles idealisiert, jeder sieht den Partner in einem Glorienschein und überträgt oft sein Bild auf den anderen. Wenn sich dann herausstellt, daß dieses Bild nicht stimmt, folgt Ernüchterung, Enttäuschung. Um solchen Täuschungen voneinander vorzubeugen, wird jungen Menschen heute empfohlen, vor dem gemeinsamen Ja sich genau über ihre bisherige Lebensgeschichte klar zu werden und ein gemeinsames Ehekonzept zu entwerfen. Zwei Menschen, die heiraten, brauchen keineswegs eine ähnliche Biographie zu haben. Ob das andere Extrem immer stimmig ist, daß Gegensätze sich anziehen und ergänzen, hängt gleichfalls von den persönlichen Strukturen ab. Es gehen Ehen ebenso gut wie schief, die auf einer Vater-Tochter-, Schwester-Bruder- oder Senior-Junior-Bindung basieren.

Als eine der wichtigsten Regeln für ein partnerschaftliches Zusammenleben in der Ehe hat es sich herausgestellt, den anderen anzuerkennen, ihn so zu akzeptieren, wie er ist, und ihn nicht nach dem eigenen Bild formen zu wollen. Dieses Annehmen des anderen, eine Art „Urvertrauen“, das man sich gegenseitig als Vorleistung schenkt, hilft auch später besser darüber hinweg, wenn der andere sich ändert. Und es trägt auch besser, wenn schwere Konflikte auftauchen, wenn einer der Partner gegen die Treue verstößt.

Die Liebe wandelt sich sowohl im Laufe der Jahre als auch im Wechsel der Lebensabschnitte einer Ehe. Aus dem Verliebtsein entwickelt sich ein Vertrautsein, das in Treue aneinander bindet. Wenn Kinder dazu kommen, erfährt die Liebe Erweiterung und Vertiefung, läuft aber gleichzeitig Gefahr, sich zwischen den Ehepartnern abzuschwächen. Wenn den Kindern zuviel Aufmerksamkeit geschenkt wird, führt das leicht zur Entfremdung und Gleichgültigkeit zwischen Mann und Frau. Hier kommt dem Gespräch zwischen den Ehepartnern eine entscheidende Rolle zu, ein Gespräch, in dem es darum geht, offen alle Empfindungen, Gefühle, Wünsche und auch Verwundungen auszusprechen, ohne den Partner zu verletzen. Wem sonst könnte ein Mensch sich so ungeschützt „offenbaren“ wie seinem „angetrauten“ Ehepartner?

Streit in der Ehe bleibt nicht aus, ebensowenig wie Konflikte. Ob es berufliche Fragen oder Fragen des Zusammenlebens sind, ob Probleme mit den Kindern auftauchen oder Störungen im sexuellen Bereich, – sie auszutragen und nicht unter den Tisch zu kehren, das ist entscheidend. Während früher für die Ehe das „Harmoniemodell" bestimmend war, das oft mit falschen Kompromissen ein brüchiges Verhältnis nur oberflächlich kittete (und oft genug die Ehe für Partner und Kinder zur Hölle machen konnte), ist heute unter den gewandelten Bedingungen eher ein „Konfliktmodell" gewachsen. Es basiert darauf, daß jede Ehe ein lebenslanger Entwicklungsprozeß ist, der nicht ohne Konflikte abläuft. Zur Konfliktlösung gehört es, richtig streiten zu können, wobei das Zuhörenkönnen und Respektieren des anderen wesentliche Voraussetzungen bilden.

Konflikte treten vor allem auf, wenn der Ehepartner den anderen ganz vereinnahmen will. Ein „Gleichklang der Herzen und der Seelen", wie er früher als Basis für die Dauerhaftigkeit einer Liebesbeziehung poetisch besungen worden ist, bildet die Ausnahme. Es kann wohl sein, daß Eheleute nach langen Jahren des Zusammenlebens durchaus gleiche Gedanken und Gefühle haben, sie beim anderen ohne Worte erkennen und daraus Kraft schöpfen. Das schließt jedoch nicht aus, daß jede Paarbeziehung ein ausgewogenes Verhältnis von Nähe und Distanz, Anpassung und Abgrenzung, Zweisamkeit und Alleinsein braucht. Ohne Spannungen geht das nie, doch gerade zur Persönlichkeitsbildung braucht der Mensch beides: die eigene Entwicklung und die gemeinsame Entwicklung.

Junge Ehepaare unterliegen oft der Versuchung, bei der Verfolgung ihres eigenen Glücks sich ganz auf sich selbst zurückzuziehen und von der Welt abzuschließen. Dahinter steht manchmal auch die Erfahrung, daß die gesellschaftliche Entwicklung dem eigenen Glück nur Hindernisse entgegenstellt, daß die Welt voller Gefahren ist und man sich am besten ganz von ihr abkapselt. Doch das erträumte „Glück zu zweit" in einer abgeschlossenen Kapsel bleibt eine Illusion. Überhaupt ist der Begriff des „Glücks" schillernd und verführerisch. Die Erfahrung lehrt, daß es Momente und Zeiten des Glücks durchaus geben kann, aber ebenso gibt es Unglück und Leid, Enttäuschung und Verzweiflung. Diese Zeiten kann nur bestehen, wer sich nicht abgekapselt hat, wer von Freunden und Bekannten, von Gemeinschaften und Gemeinden getragen wird. Die Einbindung in die sozialen Bezüge ist für das Gelingen einer Ehe unverzichtbar.

Das Leitbild Partnerschaft

Als Leitbild heutiger Ehe gilt die Partnerschaft. Sie setzt voraus, daß zwei Menschen gleichwertig sind und gleichberechtigt. Mann und Frau müssen ebenbürtig sein, es darf weder Vorherrschaft noch Vorrechte für jemanden geben. Allerdings bleibt eine solche Partnerschaft immer ein Ideal. In der Wirklichkeit entstehen allein schon dadurch, daß die beiden Ehepartner mit je eigenen Lebensgeschichten aufeinanderstoßen, Ungleichheiten und Ungleichgewichte. Es kommt auch im Verlaufe der Ehe immer wieder dazu, daß der eine überbelastet ist, daß der andere sich überfordert fühlt, daß kein Ausgleich in der Aufgabenverteilung vorliegt. Wenn beide Ehepartner aber von Anfang an einig sind, daß sie ein Gleichgewicht an Rechten und Pflichten anstreben müssen, wird es auch in konkreten Situationen leichter, die Partnerschaft zu verwirklichen.

In den Bereich der partnerschaftlichen Abstimmung gehört auch das sexuelle Zusammenleben, die Geschlechtsgemeinschaft von Mann und Frau. Früher ist darüber kaum gesprochen worden. Heute wird die Bedeutung des sexuellen Bereichs für das Zusammenleben in der Ehe als Voraussetzung für ein Gelingen der Paarbindung angesehen, doch allzu oft erfolgt eine Überbetonung möglichst perfekter Sexualpraktiken. Wie Sexualität nie vom Körperlichen losgelöst werden kann, bleibt sie auch immer eingebunden in das seelische Empfinden und die Gefühlswelt jedes Menschen.

Die Bedingungen für das Gelingen einer Ehe auf Dauer sind heute ungleich schwerer als jemals zuvor. Sie bieten aber auf der anderen Seite viel größere Chancen als früher. Die offene Atmosphäre unserer Gesellschaft läßt Ehe und Familie viel bewußter erleben und gestalten. Dafür sind jedoch selbst-bewußte Partner Voraussetzung, die aus einem stabilen Ich heraus sich gegenseitig neue Lebensmöglichkeiten eröffnen. Krisen brauchen kein Ende einer Ehe zu bedeuten, sondern sind Anhaltspunkte für eine Wende und Weiterbildung.

In einem Artikel über das neue Miteinander in der Ehe stellt der Psychotherapeut Elmar Struck fest, daß beide Partner am besten zum Gelingen ihrer Ehe beitragen, wenn sie

- sich gegenseitig ein Gefühl der Ebenbürtigkeit vermitteln (Gleichberechtigung),

- zwischen führen und geführt werden, stark sein und schwach sein immer wieder einen Ausgleich herzustellen versuchen (Partnerschaft),

- sich nah sein können, ohne sich dabei aufzugeben – mit anderen Worten ein Paar werden und dennoch zwei Personen bleiben (Persönlichkeitsentfaltung),

- sich nach „außen" ebenso öffnen wie abgrenzen können (Offenheit).

Partnerschaft in Gleichberechtigung und Gleichwertigkeit mit offener Persönlichkeitsentfaltung und gegenseitiger Weiterentwicklung – das kann die neue Basis für Ehe und Familie auf Dauer sein.

Ehe als Sakrament

Für Christen erhält die Ehe erst ihre tiefere Dimension, wenn sie als Sakrament verstanden wird, als Mittel und Weg zum Heil. Das bedeutet nicht nur kirchliche Trauung, sondern ist Sinngebung des ganzen Ehelebens. Indem der Mensch sich als Geschöpf Gottes versteht, erfahren Mann und Frau in der Ehe eine neue Bezogenheit auf Gott. Das Ja der Ehepartner zueinander basiert auf dem Ja Gottes zum Menschen, den er als Mann und Frau geschaffen hat.

Aus dieser Sicht werden Liebe, Treue und Zuverlässigkeit zu einer Lebens- und Liebesbasis, die durch alle Höhen und Tiefen trägt. Weil sie in Gott gründet, ist die sakramental geschlossene Ehe unauflöslich. Die Sakramentalität ist jedoch kein Garantieschein dafür, daß es nicht zu Krisen in der Ehe kommen kann, doch sie weist Wege zur Verzeihung und Versöhnung. Ehe als Prozeß wird so zur Teilhabe an der Erlösung.

3. Gesprächsimpulse

1. Möglichkeit: Sprichwörter und Redensarten

Sammeln Sie alte und neue *Sprichwörter und Redensarten,* die etwas über die Ehe aussagen, und nehmen Sie kritisch dazu Stellung.

z. B.: Früh gefreit, nie gereut.

Gegensätze ziehen sich an.

Jemand sagt dir, daß er dich liebt,

warte ab, was er für dich tut.

Reden ist Silber, schweigen ist Gold.

Trautes Heim, Glück allein.

Der Klügere gibt nach.

Der Ton macht die Musik.

____

____

____

2. Möglichkeit: Wer ist für was zuständig?

Überprüfen Sie, welche Aufgabenverteilung in Ihrer Ehe (und Familie) vorherrscht und was geändert werden sollte.

Tätigkeit	*So ist es*			*So sollte es sein*		
	Mann	*Frau*	*Kind*	*Mann*	*Frau*	*Kind*
Einkäufe						
Geld verwalten						
Behördengänge						
Bankgeschäfte						
Schreibarbeiten						
Freizeitplanung						
Tägl. Hausarbeit ...						
Essenbereitung:						
a) Frühstück						
b) Hauptmahlzeit ..						
Abwasch, Aufräumen .						
Wäsche						
Hausputz						
Blumen i. Haus						
Garten						
Autopflege						
Babybetreuung:						
a) nachts						
b) tags						
Kinder:						
a) Ansprechpartner .						
b) Spiele						
Aufgabenaufsicht ...						
Elternvertretung i.d. Schule						

3. Möglichkeit: Meine Zeit – Deine Zeit

Mitentscheidend für ein Gelingen der Partnerschaft ist die Aufteilung der Zeit. Überlegen Sie gemeinsam, wie Ihre Zeitaufstellung aussieht:

Haben Sie genügend Zeit am Tag für sich?	Ja / Nein
Haben Sie genügend Zeit für den Partner?	Ja / Nein
Nehmen Sie sich Zeit füreinander über den Alltag hinaus?	Ja / Nein
Verbringen Sie Ihre Freizeit meistens gemeinsam	Ja / Nein
oder getrennt?	Ja / Nein
Haben Sie genügend gemeinsame Zeit für Aktivitäten (draußen essen, Theater usw.)?	Ja / Nein
für Stille und Gespräche?	Ja / Nein
für die Kinder?	Ja / Nein

4. Möglichkeit: Sind Sie offen im Gespräch?

Als Anleitung für die Beantwortung dieser Fragen kann folgende Anekdote dienen:

Ein älteres Ehepaar feierte nach langen Ehejahren das Fest der Goldenen Hochzeit. Beim gemeinsamen Frühstück dachte die Frau: „Seit fünfzig Jahren habe ich immer auf meinen Mann Rücksicht genommen und ihm immer das knusprige Oberteil des Brötchens gegeben. Heute will ich mir endlich diese Delikatesse gönnen." Sie schmierte sich das Oberteil des Brötchens und gab das andere Teil ihrem Mann. Entgegen ihrer Erwartung war dieser hocherfreut, küßte ihre Hand und sagte: „Mein Liebling, du bereitest mir die größte Freude des Tages. Über 50 Jahre habe ich das Brötchen-Unterteil nicht mehr gegessen, das ich vom Brötchen am allerliebsten mag. Ich dachte immer, du solltest es haben, weil es dir so gut schmeckt".

4. Literatur

Volker Eid / Laszlo Vaskovics
Wandel der Familie – Zukunft der Familie
Mainz 1982

Hans Kramer
Ehe war und wird anders
Düsseldorf 1982

Bernhard Liss
Ehe-Inventur
Würzburg 1987

Peter Neysters
Komm in mein Leben
Freiburg 1986

Jürg Willi
Die Zweierbeziehung
Hamburg 1972

Durch das Jahr, durch das Leben
Hausbuch der christlichen Familie
München 1982

100000

Kinder machen reich

Im Mittelalter wäre ein solcher Film ganz und gar undenkbar gewesen. Die Kindheit war noch nicht entdeckt. Konnte das Kind krabbeln und sich ein wenig verständigen, lebte es wie selbstverständlich in der Welt der Erwachsenen. Eigene Spiele oder besondere Kinderkleidung gab es nicht. Die Arbeit der Erwachsenen verrichteten sie – soweit wie möglich – mit. Kinder waren nicht als Kinder im Blick. Eine kleine Malerei aus dem 11. Jahrhundert zeigt dies anschaulich. Jesu Wort „Laßt die Kinder zu mir kommen" stellt der Künstler dar: allerdings mit acht Männern. Weder Kleidung noch Ausdruck lassen auf Kinder schließen, nur ihre verkleinerte Größe.

Fast neun Jahrhunderte später textete Herbert Grönemeyer:

„gebt den kindern das kommando
sie berechnen nicht was sie tun
die welt gehört in kinderhände
dem trübsinn ein ende
wir werden in grund und boden gelacht
kinder an die macht"

Welch eine Entwicklung! Ob unsere Gesellschaft jedoch wirklich kinderfreundlich ist oder ob hier nicht nur ein Wunsch besungen wird, bleibt die Frage. Kindesmißhandlung, Klagen über zu kleine Wohnungen und über Vermieter, die sich lieber alleinstehende Ehepaare wünschen, werden u. a. genannt. Der Kinderschutzbund geht so weit, die Bundesrepublik als das kinderfeindlichste Land Europas zu bezeichnen. Gewaltanwendungen an Kindern sind weiter verbreitet als man landläufig vermutet. Man muß mit über 100000 Kindern rechnen, denen Eltern mit körperlicher Gewalt begegnen; mit über 100000 sexuell mißbrauchten Mädchen, vor allem durch Bekannte und Verwandte. Weit über 200000 Abtreibungen jährlich sprechen auch eine deutliche Sprache.

Und dennoch bleibt zu fragen, ob von der Kinderfeindlichkeit einer ganzen Gesellschaft gesprochen werden kann. Zeigt sich nicht vielmehr exemplarisch an den Kindern in besonderer

Weise, wie sehr Schwache und Benachteiligte mit ihren Lebensmöglichkeiten an den Rand gedrängt werden?

Zweifellos ist die bundesdeutsche Gesellschaft aber eine „kinderentwöhnte Gesellschaft". Je stärker die Geburtenzahlen zurückgehen, desto auffälliger wird dies. Die Kinder erscheinen lästig und geraten mit ihren berechtigten Bedürfnissen mehr und mehr aus dem Blickfeld der Erwachsenen.

1. Zum Inhalt des Filmes

Es ist ein ungewöhnliches Bild gleich zu Beginn des Films: Das Ehepaar Röder mit seinen sechs Kindern, aufgestellt wie die Orgelpfeifen! Der Kommentar von Francis Best scheint dem ersten vorurteilsvollen Eindruck gleich begegnen zu wollen, wenn von einer großen, aber doch ganz normalen Familie die Rede ist. Für eine Woche nehmen die Zuschauer am Alltag der Familie teil. Sie erleben die Röders beim Essen, beim Gang zur Schule und zum Arbeitsplatz, bei Gesprächen und Unternehmungen in der Freizeit. Sie erleben einen wohl durchorganisierten Tagesablauf, bei dem jedes Familienmitglied seine (kleinen) Aufgaben und Pflichten wahrnimmt. So bleibt für Kinder *und* Eltern Zeit, persönlichen Interessen und Neigungen nachzugehen.

Frau Röder besucht an einem Abend in der Woche eine Malschule. Für sie ist dies wichtig, da sie hier Ruhe und Kraft findet. Mit ihrem Mann, der beruflich stark eingebunden ist, geht sie mittlerweile wieder häufiger aus. Die Kinder bleiben daheim. Claudia und Alfred Röder nehmen sich bewußt füreinander Zeit. Sie wissen, daß sie Eltern geworden, doch Ehepartner geblieben sind. Sie planen für ihre eheliche Beziehung Zeit ein.

Jennifer, Patrick, Pascal, Tanja, Marcel und Jessica: Die sechs Kinder der Röders. Sie sind keine 08/15 Typen. Jedes ist anders in Aussehen und Ausdruck, Begabung und Fähigkeiten, wie es auftritt und mit anderen umgeht. Der Zuschauer spürt aber, daß jedes Kind in der Familie wichtig und gleichwertig ist. Deutlich wird auch, wie groß das Zusammenspiel geschrieben wird, nicht nur während der Krankheit der Mutter, sondern auch beim täglichen Küchendienst und der Tierpflege. Im Film heißt es über die Kinder, sie hätten Verantwortungsbewußtsein entwikkelt und lernten früh, auf den eigenen Beinen zu stehen. Kinder, die Verantwortung tragen, denken mit, planen mit und handeln mit.

„Ich bin unheimlich stolz auf meine Kinder", sagt Claudia Röder und strahlt dabei. Daß die Kinder ihnen viel geben, im freudigen Miteinander und im gemeinsamen Erleben, steht für Alfred Röder fest. Die Kinder bedeuten Halt und schmieden zusammen. Die Schlußszene erscheint beinahe typisch für die Familie. Jedes Familienmitglied hat einen eigenen Ballon beim Luftballonwettbewerb. Doch sie haben alle Ballons zusammengebunden, als ob sie so gemeinsam weitergetragen würden.

Diese Familie lebt nicht nur für sich, vielmehr schaut sie über den eigenen Zaun. Kinder und Eltern engagieren sich beim Roten Kreuz und im Kinderschutzbund. Sie wissen um die Hilfsbedürftigkeit anderer, gerade der Kinder.

Ein Filmausschnitt scheint dem Titel „Kinder machen reich" zu widersprechen. Die Waren an der Kasse eines Geschäftes nehmen kein Ende. Der Endbetrag liegt bei über 300,00 DM. Machen Kinder nicht eher arm? Doch die Röders sagen, daß es auch noch anderen Reichtum gibt!

2. Was man zum Thema wissen sollte

Kinderzahl in der Statistik

Eine Pressemeldung ließ aufhorchen: „1987 wurden in der Bundesrepublik 642000 Kinder geboren und somit 16000 mehr als im Jahr zuvor. Dies ist eine erfreuliche Nachricht." Dieser Trend setzt sich gegenwärtig fort. Nicht übersehen werden darf jedoch, daß es vor allem die stärkeren Elternjahrgänge sind, die zur gestiegenen Geburtenzahl geführt haben.

Nach wie vor ist in der Bundesrepublik Deutschland auf das Ganze betrachtet ein drastischer Geburtenrückgang zu verzeichnen. Hier sterben seit 1972 mehr Menschen als geboren werden. Ein Vergleich mit den Geburtenzahlen anderer Länder läßt die Bundesrepublik als das intenationale Schlußlicht erkennen.

In der zweiten Hälfte des vergangenen Jahrhunderts wurden in jeder Ehe durchschnittlich sechs Kinder lebend geboren. Um 1900 sank die Zahl auf vier, 1925 gar auf 2,2. Der Geburtenrückgang ist also nicht nur ein Zeichen unserer Zeit, wenn er auch mit 1,3 Kindern pro Familie seinen gegenwärtigen Tiefstand erreicht hat. Bis zum Jahr 2030 rechnen Bevölkerungswissenschaftler mit einem Rückgang der Gesamtbevölkerung von 61 Millionen auf 42 Millionen. Dieser Rückgang um 30 % wird zu einer Überalterung der Gesellschaft mit vielen Problemen führen. Zu nennen sind das Problem der Alterssicherung durch unser Rentensystem, vermehrte Anforderungen bei der Altenpflege, Raumordnungsprobleme, da Altersveränderungen nicht in allen Regionen gleichermaßen erfolgen, Konsequenzen für Schule und Bildung u. v. m.

Gründe für oder gegen Kinder

Was beeinflußt Entscheidungen für oder gegen Kinder? Nicht selten fallen die Antworten auf diese Frage schnell und eindeutig aus einer allzu einseitigen und oft genug negativen Sicht. Stichworte wie Egoismus, Bindungslosigkeit und mangelnde Bereitschaft zu Opfer und Verzicht werden genannt. Doch wer zu wirklich tragfähigen Antworten gelangen will, muß genauer hinsehen. Alle Untersuchungen zeigen, daß z. B. der Grund nicht so sehr in einem zunehmenden Egoismus oder einer überzogenen Wohlstandsvermehrung zu suchen ist. Auch die oft angeführte Berufstätigkeit der Frau kann nicht alleinige Ursache sein. Es ist vielmehr ein ganzes Bündel von Gründen. Wissenschaftler stellen es unter die Überschrift: „Die Gesellschaft wandelt sich."

Kinder gehören nicht mehr zu den „großen Selbstverständlichkeiten" einer Ehe. Mußten Eheleute sich früher *gegen* ein Kind entscheiden, ist heute die Entscheidung *für* ein Kind gefordert. Dies ist eine erhebliche Veränderung der Entscheidungssituation, bei der vieles zusammenkommt: Kinder haben keine wirtschaftliche Bedeutung mehr für die Alterssicherung; die Empfindlichkeit gegenüber Belastungen ist gewachsen, die Berufstätigkeit und Karriereplanungen von Frau *und* Mann haben einen anderen Stellenwert erhalten. Kinder fordern langfristige Bindungen in einer Gesellschaft der Kurzfristigkeiten und nicht zu unterschätzen ist auch die Tatsache, daß der Einfluß religiöser Sinnbezüge abgenommen hat. Welcher Grund besonders schwerwiegend ist, muß unbeantwortet bleiben. Methoden der Familienplanung sind jedenfalls nicht die eigentliche Ursache, wenn sie auch den Entscheidungsgang verändert und nicht selten umgekehrt haben.

Wenn der Kindersegen ausbleibt

Statistiker, Familiensoziologen, Politiker u. a. übersehen häufig eine Ursache für die Geburtenentwicklung, die sehr ins Gewicht fällt. Immer mehr Eheleuten, die sich Kinder wünschen, bleibt dieser Wunsch versagt. In den letzten zwanzig Jahren hat sich die Zahl derjenigen Frauen und Männer verdoppelt, die *ungewollt* kinderlos bleiben. Schätzungen zufolge muß man von mindestens 15 % aller Ehepaare ausgehen. Einige Mediziner beziffern die Gesamtzahl der betroffenen Ehepaare auf zwei bis drei Millionen in der Bundesrepublik. Auch hier sind die Ursachen vielfältig. Es können organische Störungen vorliegen, doch ebenso psychosomatische Aspekte, z. B. Probleme in der Partnerbeziehung, die Steigerung der Anspannung mit der Dauer des Kinderwunsches oder der Konflikt zwischen Beruf und Kinderwunsch. Eine beträchtliche Zahl von Ehepaaren gerät durch die ungewollte Kinderlosigkeit und durch die Reaktionen ihrer Umwelt in eine ernsthafte Krise. Mit einer Adoption suchen viele ihren Kinderwunsch zu erfüllen. Allein im Jahre 1987 wurden nahezu 8000 Kinder adoptiert, doch auf jedes zur Adoption freigegebene Kind kommen inzwischen 29 Bewerber.

Wie Kinder Leben bereichern

Vielfältige Konsequenzen des Geburtenrückgangs wurden genannt. Doch meist wird in der öffentlichen Diskussion übersehen, was es für das Zusammenleben von Menschen in einer Gesellschaft bedeutet, – für ihre Einstellungen und Verhaltensweisen –, wenn die Kinderzahl abnimmt.

Eine kleine Geschichte illustriert dies: In der Schule wird über Reichtum gesprochen. Die Lehrerin fragt, woran man ihn denn erkennen könne. Viele Antworten werden gegeben. Zum Schluß meldet sich beinahe zögernd ein Junge und sagt: „Wir sind reich. Meine Mutter sagt immer, wir sind kinderreich." Keiner in der Klasse, der nicht lacht. Und doch hat dieser Junge unnachahmlich das Eigentliche getroffen. Stimmt es denn nicht, daß Kinder – trotz aller Sorgen, Einschränkungen und Belastungen – menschliches Leben bereichern und ihm erst die richtige Farbe geben?

Ein afrikanisches Sprichwort sagt: „Kinder machen Menschen"; in der Hl. Schrift wird das Kind in die Mitte der Erwachsenen gestellt. „Wenn ihr nicht umkehrt und wie die Kinder werdet, könnt ihr nicht in das Himmelreich kommen. Wer so klein sein kann wie dieses Kind, der ist im Himmelreich der Größte" (Mt 18, 3-4). Mit Kindern können Eltern Erfahrungen machen wie mit keinem Erwachsenen in gleicher Weise. Indem sie gleichsam über sich hinauswachsen, geben sie ihrem Leben einen tieferen Sinn. Von Peter Handke stammen die Sätze: „Sind Kinder allen Menschen doch die Seele. Wer dies nicht erfuhr, der leidet zwar geringer, doch sein Wohlsein ist verfehltes Glück." Kinder zehren an den Kräften und verlangen viel Zeit, Kraft, Geduld, Sorgfalt, Mühe und bisweilen auch „starke Nerven". Demgegenüber stehen jedoch bereichernde Erfahrungen, die oft unbeachtet bleiben.

Reich werden Eltern nicht im finanziellen Sinn. Trotz allen familienpolitischen Initiativen sind Einschränkungen zwingend. Kinder machen auf eine andere Weise reich. Manches können Eltern durch sie (wieder-)entdecken, was ihnen ansonsten verborgen geblieben wäre. Alltägliche Dinge sind für (kleine) Kinder fast wie ein Wunder; sie lassen sich vom Spiel gefangennehmen und vergessen alles Nebensächliche; freuen sich mit anderen von Herzen und trauern aufrichtig; sie sehen den, der am Rand steht und benachteiligt ist; verlassen sich vollkommen auf ihre Eltern, wenn sie unbekümmert experimentieren; gehen ungewohnte Wege und stellen vieles Liebgewordene infrage ...

Verluste einer „kinderentwöhnten Gesellschaft“

Was geht einer Gesellschaft verloren, wenn diese kindlichen und zutiefst menschlichen Fähigkeiten keinen Raum mehr haben? – Kinder sind in einer Leistungsgesellschaft ein erforderliches Korrektiv. Durchsetzungsvermögen, Stärke, Leistungsfähigkeit, Gewinn und Erfolg allein sind kein Garant für gelingendes menschliches Leben. Kinder stehen für andere Werte, für Geduld und Gelassenheit, für die Bereitschaft zum Teilen, für das Kleine und Unscheinbare.

Die wichtigste Voraussetzung für das Leben mit Kindern ist die Zeit. Dazu schrieb Prof. Dr. Rita Süßmuth „Aber Zeit für Kinder, die Zeit für das Zusammenleben der Menschen, wird nur in dem Maße freigesetzt, wie die Sorge für Kinder, d. h. für das Wohlbefinden der Kinder in der Werteskala einer Gesellschaft an Stellenwerten gewinnt. Solange dieses nicht geschieht, bleibt Familienfähigkeit im Dienst der Kinder eine gesellschaftlich und individuell zwar notwendige, aber wenig geschätzte und attraktive Fähigkeit.“

Der Kinderwunsch hat Konjunktur

Die Regale in Buchhandlungen zeigen es: Der Kinderwunsch hat scheinbar Konjunktur. In den letzten Jahren ist eine Flut von Titeln erschienen, die den Kinderwunsch und das Leben mit Kindern thematisieren. Ein Wandel ist unübersehbar. Wurden früher eher Belastungen herausgestrichen, rücken nun anfanghaft positive Seiten des Lebens mit Kindern stärker in das Blickfeld. Kinder gelten plötzlich als die gute Möglichkeit, dem Leben wirklich verbunden zu sein. Elisabeth Beeck-Gernsheim hat in einem Buch zahlreiche Interviews zum Thema zusammengetragen und analysiert. Sie zeigen, daß die Erfahrungen mit Kindern in einem Maße groß geschrieben werden, wie es alle früheren Zeiten übertrifft.

Kinder bedeuten ein Gegengewicht zur Verzweckung und übertriebener Rationalität. Sie „kommen mit lebendiger Seele zur Welt – unsere Seelen sind Steinbrüche geworden“. Nicht mehr nur die Erwachsenen erziehen Kinder; Erwachsene werden auch durch Kinder erzogen. Auf einen kurzen Nenner gebracht heißt dies: Neben das Erziehen tritt das Erzogen-werden. Kinder sollen den Erwachsenen helfen, wirklich menschlich zu leben; Erziehung wird zum „Tauschgeschäft“. Den derzeitigen Trend gibt der Titel eines Erfahrungsberichtes kurzgefaßt wieder: „Das Kind ist der Mensch“.

Wunschkind nach Plan?

Verabsolutierungen sind hier unübersehbar. Das Pendel schwingt zur anderen Seite aus, und die Grenze zum „Kinderkult“ ist zusehends überschritten. Kinder werden hier manchen Eltern zum eigentlichen, oft ausschließlichen Lebenssinn. Doch wie können Menschen – ob Ehepartner, Kinder oder Freunde – einander alles Lebensglück und allen Lebenssin eröffnen und vermitteln? Dies muß überfordern und führt nahezu zwangsläufig zum Scheitern von Bindungen.

Es stimmt nachdenklich, daß in einer Zeit, in der christlicher Glaube an lebensprägender Bedeutung verliert, das Streben nach einem sinnvermittelnden Wunschkind zunimmt. Dieses Wunschkind aber soll auch wunschgemäß zur Welt kommen und sich in die privaten Planungen einpassen. Nicht nur ungewollt kinderlose Ehepaare müssen jedoch erkennen, wie sehr sich menschliches Leben einer absoluten Machbarkeit entzieht. Nicht alles ist aus eigener Kraftanstrengung möglich. Letztlich ist menschliches Leben immer verdanktes Leben. Der Journalist Klaus Nientied merkt in der Debatte um eine kinderfeindliche Gesellschaft zu Recht an, manches (zwanghafte) Streben nach einem „Wunsch“-Kind könne sich als ein hilfloser Versuch entpuppen, „ein göttliches Ja zum Kind, an das man nicht mehr glauben kann, durch ein menschliches ‚Ich habe dich gewollt‘ ersetzen zu müssen“. Solche Haltungen verkennen die Grundbedingungen menschlichen Lebens und sind letztlich kinderfeindlich.

3. Wie man in ein lebendiges Gespräch kommt

Der Film bietet zunächst genügend Stoff für eine erste Gesprächsrunde. Der Alltag der Familie Röder kann durch eigene

Erfahrung oder die von Freunden, Bekannten und Nachbarn ergänzt werden. Eine Vertiefung des Gesprächs bietet sich durch drei Möglichkeiten an:

1. Möglichkeit

Nach dem Erzählen der kleinen Geschichte über den Reichtum („Wir sind kinderreich") bilden die Teilnehmer/innen kleine Gesprächsgruppen von ca. 6 Personen. Sie tragen zusammen, wie Kinder (nicht nur die eigenen) ihr Leben bereichern. Es wird darauf zu achten sein, daß im Gespräch sehr bewußt die positiven Möglichkeiten und weniger die Belastungen und Einschränkungen thematisiert werden. Im größeren Kreis werden die Erfahrungen danach vorgestellt. In einer Abschlußrunde wird bedacht, welche Konsequenzen das Fehlen solcher Erfahrungen in einer zunehmend „kinderentwöhnten Gesellschaft" hat.

2. Möglichkeit

Zeitschriften und Illustrierte werden auf Werbeanzeigen hin durchgeblättert. Immer dann, wenn in Wort oder Bild von Kindern die Rede ist, wird die Anzeige herausgetrennt. Folgende Gesichtspunkte bieten Stoff für das Gespräch:

- Wie werden Kinder gezeigt (Alter, Kinderzahl, Kleidung ...)?
- Werden Kinder positiv oder negativ dargestellt?
- Wen versucht die Werbung anzusprechen?
- Welche Produkte werden mit Hilfe von Kindern angeboten?
- Stimmen die Anzeigen mit der Wirklichkeit in Familie *und* Gesellschaft überein?

3. Möglichkeit

Der Gesprächsleiter schreibt Spruchweisheiten und Aussagen zu Kindern auf kleine Zettel. Die Zettel breitet er so auf dem Tisch aus, daß jeder sie bequem anschauen kann. Alle lesen die Zettel still durch. Anschließend greift jeder ein Kärtchen heraus, dessen Aussage ihm am besten gefällt, liest sie den anderen vor und „begründet" die Wahl. Ohne die Aussagen zu „zerreden", sind Nachfragen und abweichende Meinungsäußerungen zwingend.

Erfahrungsgemäß ergibt sich in einer angenehmen und vertrauensvollen Atmosphäre ein gutes Gespräch über das Leben mit Kindern.

Solange die Kinder klein sind,
gib ihnen tiefe Wurzeln,
wenn sie älter geworden sind,
gib ihnen Flügel.
Indien

Nur wer Kinder wirklich liebt,
wird sie verstehen;
wer aber vorschnell über sie
urteilt,
wird sie nicht einmal sehen.
C. Morgenstern

Kinder machen Menschen.
Afrika

Kinder sind Gäste,
die nach dem Weg fragen.
Deutschland

Dächten Kinder an den
Streit von gestern,
würden sie keine Spiel-
kameraden mehr finden.
Afrika

Wer Kinder hat,
muß Geschrei ertragen.

Wer kein Kind hat,
hat kein Licht in seinen Augen.
Persien

Als Kind ist jeder ein Künstler.
Die Schwierigkeit liegt darin,
als Erwachsener einer zu bleiben.
P. Picasso

Bleibe ein Kind,
so daß deine Kinder
dich immer lieben können.
Estland

Das Kind ist wie eine Axt:
Auch wenn sie dich verletzt hat
trägst du sie auf deinen
Schultern.
Afrika

Drei Dinge
sind uns aus dem Paradies
geblieben:
Sterne, Blumen und Kinder.
Dante

Denkst du an ein Jahr,
säe ein Samenkorn;
denkst du an ein Jahrzehnt,
pflanze einen Baum;
denkst du an ein Jahrhundert,
erziehe einen Menschen.
China

Kinder sind wie eine Brücke
zum Himmel.
Persien

In einem Haus voll Kinder
hat der Teufel keine Macht.
Kurdistan

Wer Geld,
aber keine Kinder hat,
ist nicht wirklich reich.
Wer Kinder,
aber kein Geld hat,
ist nicht wirklich arm.
China

Kinder wachsen auch ohne
Eltern auf ...
Philippinen

Man sollte drei Kinder haben:
zwei zum Raufen,
eins zum Schlichten.
Schottland

Ich liebe die Kinder,
sagt Gott,
weil unser Bild in ihnen
noch nicht getrübt ist.
Michael Quoist

Wer einen Menschen liebt,
setzt für immer seine
Hoffnung auf ihn.
Gabriel Marcel

Nur wer erwachsen wird
und Kind bleibt,
ist ein Mensch?
E. Kästner

4. Literatur

Elisabeth Beck-Gernsheim
Die Kinderfrage. Frauen zwischen Kinderwunsch und Unabhängigkeit
Münschen 1988

Max Wingen
Kinder in der Industriegesellschaft. Wozu? Analysen, Perspektiven und Kurzkorrekturen
Zürich 1987[2]

Solange Du Deine Füße ...

Wenn Kinder aus dem Haus gehen

„Familie bedeutet für mich: *unausgesprochene Akzeptanz*", erwidert Doris, befragt nach ihrer Vorstellung von Familie. Sie hat Familie eigentlich nie richtig erlebt, hat nie ein wirkliches Zuhause vorgefunden. Mit 16 Jahren lief sie von dort weg, kam in ein Heim, lebt heute in einer Wohngemeinschaft. Hier fühlt sie sich zuhause, hier erfährt sie, was sie von einer Familie erwartet: unausgesprochene Akzeptanz. Die Mitbewohner nehmen sie so an, wie sie ist. Sie mäkeln nicht ständig an ihr herum. Hier heißt es nicht: Solange Du Deine Füße unter meinen Tisch streckst ...

So manchen Jugendlichen ist diese Einschränkung wohlvertraut. Sie haben sie mehr als einmal gehört. Sobald es in der Auseinandersetzung zwischen ihnen und den Eltern hart auf hart zugeht, greifen Mütter und besonders Väter nicht selten zu diesem letzten Machtmittel. Denn hinter diesen Konflikten verbirgt sich meistens ein latenter Machtkampf. Die Eltern wollen nach wie vor ihre Autorität behaupten und gegen alle Widerstände durchsetzen; die Jugendlichen wiederum wollen endlich selbständig werden und ihre eigenen Wege gehen.

Auf beiden Seiten wachsen Unsicherheit und Unverständnis, mitunter sogar Vorbehalte und Mißtrauen. Die Jugendlichen fühlen sich mißverstanden und oft genug ungerecht behandelt. Manche spüren sehr deutlich, daß ihre Eltern sich nicht einmal bemühen sie zu verstehen und sich auch nur annähernd in ihre Lage zu versetzen. Die Eltern hingegen kennen ihre Söhne und Töchter nicht mehr wieder. Aus den einst angeblich so braven Kindern sind aufmüpfige Jugendliche geworden, die Widerspruch einlegen und Widerstand zeigen. Vieles an ihnen ist ihnen fremd: ihre Sprache, ihre Musik, ihre Kleidung, ihr Verhalten, nicht zuletzt ihre Gedankenwelt. Eltern und Jugendliche werden einander zu „Fremden im eigenen Haus". Heinrich Böll meinte einmal: „Vieles an der heutigen Jugend ist mir so fremd, als käme sie aus einer anderen Welt. Herauszufinden, worin diese Fremdheit besteht, ist die eigentliche Aufgabe."

1. Zum Inhalt des Filmes

Der Film belegt diese Feststellung an vier typischen Situationen. Ausgangspunkt ist fast ausnahmslos das gespannte Verhältnis zwischen beiden Generationen, das in vielfältiger Weise seinen Ausdruck findet: in Krach, ständiger Nörgelei, Gleichgültigkeit, „Funkstille". Allen Beispielen gemein ist die offensichtliche Verbesserung der Beziehung nach dem Auszug der Kinder aus dem Elternhaus. Damit soll keiner „Patentlösung" das Wort geredet werden, als wäre eine solche Entwicklung das „Allheilmittel" gegen häusliche Spannungen. Aber sie scheint doch *ein* möglicher Weg zur Entspannung der oft zugespitzten familiären „Lage" zu sein.

Da ist Heike, vor sechs Monaten nach einem gewaltigen Krach ausgezogen, weil sie nicht nach dem Willen des Vaters studieren wollte. Sie hielt die ständige Bevormundung nicht länger aus. Durch ihre Arbeit will sie finanziell unabhängig werden. Die Eltern empfinden ihren Auszug als eine persönliche Niederlage, als persönliches Versagen. Allmählich beginnen sie über sich und ihre Erziehung nachzudenken. Eine erste Entspannung zeichnet sich ab.

Martina, Monika und Katja leben in einer Wohngemeinschaft. Sie ist so etwas wie „Familienersatz". Vieles tun die drei gemeinsam, aber trotzdem hat jede ihren Freiraum. Eines Tages, das ist ihnen klar, werden sie dieses Haus wieder verlassen und ihre eigenen Wege gehen. Zunächst aber sind sie einander Halt und Stütze. Zu ihren Eltern haben alle drei ein ganz neues Verhältnis. „Je älter ich werde, desto mehr werden meine Eltern zu Freunden," sagt eine von ihnen. Das war früher nicht immer so. Bei allen dreien gab es erhebliche Störungen im Eltern-Kind-Verhältnis. Das hat sich „total verbessert".

Für Isabel war die Ausgangslage völlig anders. Vor 5 Jahren wurde ihr Vater nach Frankfurt versetzt, und die Familie zog mit. Mittlerweile leben die Eltern wieder in der alten Heimat. Isabel aber bleibt in Frankfurt wohnen, nicht nur wegen ihrer Ausbildung zur Erzieherin. Sie will selbständig werden und auch bleiben; sie will einmal nicht mehr ständig Rücksicht nehmen müssen auf andere. Ihre Beziehung zu den Eltern, besonders zum Vater, ist bis auf den Tag ziemlich unproblematisch gewesen. Sie hat sich in den letzten Jahren sogar noch weiter verbessert. Alle drei bis vier Wochen fährt Isabel nach Hause. Das ist ihr keine lästige Pflichterfüllung. Vielmehr fährt sie gerne und freut sich auf das Wiedersehen.

Doris hat mit ihren 23 Jahren bereits ein sehr bewegtes Leben hinter sich. Mit 17 kam sie völlig mittellos aus einer Kleinstadt nach Frankfurt. Sie arbeitete in einer Putzkolonne, half einige Jahre im ambulanten Dienst aus, bediente im Uni-Café und spielte zwischenzeitlich Babysitter. Als Kunststudentin ist sie weiterhin auf Gelegenheitsjobs angewiesen. Mit ihrem Freund, einem Medizinstudenten, wohnt sie in einer vierköpfigen Wohngemeinschaft. Hier hat sie endlich das Zuhause gefunden, das sie eigentlich in ihrem ganzen Leben bisher vermißt hat. Nach dem Unfalltod des Vaters kam sie zu ihrer Patentante. Mit 16 Jahren lief sie wegen des schlechten Verhältnisses von dort weg, kam für kurze Zeit in ein Heim, dann in eine durchaus liebevolle Pflegefamilie. Aber Doris konnte Familie nicht mehr länger aushalten. Sie will später selbst Kinder haben. Aber eine Familie? Da ist sie zunächst skeptisch. Ihre Erfahrungen sind schließlich nicht die besten.

2. Was man zum Thema wissen sollte

Wer aus dem Haus – früher oder später und aus welchen Gründen auch immer – auszieht, setzt deutliche Zeichen: da will spätestens jetzt einer anfangen, erwachsen zu werden, die Kindheit hinter sich zu lassen und Abstand von seinem bisherigen Leben zu gewinnen, nicht zuletzt auch von seinen vertrauten Wegbegleitern, den Eltern und Geschwistern. Diese Ablösung ist ein notwendiger, aber oft genug auch ein schmerzlicher Prozeß – für beide Seiten. Wie immer auch das Eltern-Kind-Verhältnis aussah, der Auszug aus dem Elternhaus ist ein einschneidender Abschnitt in der Lebensbiografie eines jungen Menschen und ein entscheidender Schritt auf dem Weg zur Selbständigkeit. Wie alles Neue ist er mit viel Unsicherheit und Unwägbarkeit, mit manchen Zweifeln und Ängsten durchsetzt. Erwachsenwerden geht wohl nicht ohne Trennungs- und Abschiedsschmerz, nicht ohne Reibungsverluste, ohne Widerhaken und Konfrontation.

Zwischen Kindheit und Erwachsenwerden

Jugend definiert sich als ein Übergangsstadium von Kindheit zum Erwachsenwerden, als eine Zeit zwischen Abhängigkeit und Verantwortlichkeit. Gegenüber früher dauert diese Lebensphase in unserer Zeit bedeutend länger. Zum einen setzt sie aufgrund der Akzeleration (Frühentwicklung) der heutigen Jugend um Jahre eher ein, zum anderen dehnt sie sich wegen der qualifizierten und differenzierten Ausbildung der jungen Leute zusehends weiter aus. Viele kommen erst mit 27/28 Jahren in den Beruf. Das bedeutet, daß immer mehr junge Menschen immer länger von den Eltern zumindest finanziell abhängig bleiben und auf deren monatliche Unterstützung angewiesen sind. Geld jedoch kann zu einem Druck- und Machtmittel werden. Solange Du Deine Füße ..., solange Du von mir Geld bekommst ..., solange kann ich auch sagen, was „Sache" ist.

So bleiben nicht wenige, längst volljährige Söhne und Töchter weiterhin „die Kinder" ihrer Eltern, bevormundet und mitunter auch gegängelt, bis der Zustand eines Tages für sie unerträglich wird. Diese Entwicklung spitzt sich in dem Maße zu, wie die Familien immer kleiner werden. Wer „nur" ein Kind hat, wird sich bedeutend schwerer mit der Freigabe dieses einen Kindes tun als Eltern, die mehrere Söhne oder Töchter haben. Was ein-malig ist, ist umso kostbarer und wertvoller, von dem kann man sich nur „schweren Herzens" trennen.

Verlust des ersten Platzes

Eltern möchten eigentlich zeitlebens engste Vertraute ihrer Kinder sein. Sie wollen gerne den ersten Platz im Leben der Söhne und Töchter einnehmen und auch behalten. Diese Stellung droht verlorenzugehen, wenn die Kinder „flügge" werden und mehr und mehr ihre Freizeit außer Haus in der Clique der Gleichaltrigen verbringen. Viele Eltern trifft dieser Verlust hart. Sie müssen nun mitansehen, wie die eigenen Söhne und Töchter sich eher an den Freund und die Freundin wenden als an sie. Letztere sind jetzt die bevorzugten Vertrauten ihrer Kinder geworden. In dieser Zeit können sich völlig unerwartete Abgründe und Kluften auftun zwischen Menschen, die nie zuvor auch nur einen Augenblick an ihrer wechselseitigen Solidarität und Wertschätzung gezweifelt hätten.

Der Prozeß der Ablösung und Trennung kennzeichnet das Verhältnis Eltern-Jugendliche als eine Zeit vielfältiger und gleichsam widersprüchlicher Beziehungen: Nähe und Distanz, Vertrautheit und Fremdheit, Einverständnis und Widerspruch, Freundschaft und Gegnerschaft, Anpassung und Widerstand. In vielen Fragen und Problemen des alltäglichen wie auch des existentiellen Lebens gehen die Meinungen zwischen den Generationen oft weit auseinander.

Was vielen Eltern und Jugendlichen besonders zu schaffen macht, ist der *Werte-* und *Normenzwiespalt,* der sich heute quer durch die Familie zieht. In einer Zeit epochalen Wertewandels kommt es vielerorts zu einer Wertedifferenz zwischen den Generationen. So manche Familie wird heute zu einem Schnittpunkt zweier konkurrierender Wertesysteme, wo zwei bisweilen geradezu gegenläufige Wertvorstellungen aufeinanderstoßen und zu heftig ausgetragenen Wertekonflikten führen. Eltern und Jugendliche leben beide in dieser Welt, aber dennoch scheinen sie in zwei unterschiedlichen Welten zuhause zu sein. Beide Generationen schauen aus verschiedenen Blickwinkeln Welt und Leben an. Ihre oft gegenteiligen Lebenserfahrungen sind maßgeblich geprägt von der jeweiligen Kindheit und Jugend. Und zwischen der Jugendzeit der heutigen Elterngeneration (Nachkriegszeit) und der ihrer Kinder liegen in der Tat „Welten". So ist es heute kaum mehr möglich, wichtige Lebenserfahrungen von einer Generation auf die andere weiterzugeben.

Wenn junge Leute eine eigene Bude nehmen, in eine Wohngemeinschaft ziehen oder, was heute häufiger der Fall ist, mit dem Freund oder der Freundin unverheiratet zusammenleben, dann ist mit einem solchen Schritt oft genug die „Wertewelt" der Eltern erschüttert. Was ihnen „heilig" ist, wird von den eigenen Kindern übergangen und – schlimmer noch – als „von gestern" abgetan. Wertekonflikte gehen unter die Haut, treffen das Innerste der beteiligten Menschen, lassen niemanden unberührt oder gar gleichgültig. Verständlicherweise kommen gerade in solchen Auseinandersetzungen Emotionen und auch Aggressionen hoch. Zugleich hinterlassen sie wie kaum ein anderer Konflikt tiefe Verletzungen und Verwundungen. Es braucht seine Zeit, bis solche Risse vernarben und heilen. Je vertrauter sich Menschen sind, umso verletzlicher werden sie füreinander.

Notwendige Konfrontation

Um zur eigenen Identität zu finden, um Auskunft über sich selbst zu erlangen, braucht der Heranwachsende die Auseinandersetzung mit dem Erwachsenen. In der Konfrontation mit dem Du kommt der einzelne zu seinem Ich. Die Meinungsverschiedenheit, ja der Konflikt mit den Eltern ist ein notwendiger Meilenstein auf dem Weg in die Selbständigkeit. Jugendliche sind lebensgeschichtlich wie zu kaum einer anderen Zeit *unterwegs.* Wenn sie erwachsen werden, sind sie nicht gleich schon erwachsen! Der Weg dorthin ist durch manche Umwege und auch Irrwege, durch manche Sackgassen und Situationen der Ausweg-losig-keit gekennzeichnet. Wer unterwegs ist, ist längst noch nicht am Ziel. Er braucht zuverlässige Wegbegleiter, die die Richtung weisen und Orientierung geben.

Nach wie vor können Eltern solche Ansprechpartner sein. Jedoch tun sich viele von ihnen schwer, eine konsequente Linie zu finden, die dennoch Spielraum läßt für situationsbedingte Entscheidungen und Veränderungen. Die einen halten stur an einmal gefaßten Beschlüssen fest nach dem Motto: „Das haben wir immer schon so gemacht"; die anderen wiederum wechseln ihre Ansichten von heute auf morgen und geben den jungen Leuten – modischen Trends folgend – allzu bereitwillig recht. Beide Einstellungen und Verhaltensweisen verhindern im Grunde die unerläßliche Auseinandersetzung zwischen Eltern und Jugendlichen. Die autoritäre Haltung verlangt unbedingten Gehorsam, läßt keine andere Meinung gelten und unterdrückt jeden Ansatz eigenständigen Denkens und Handelns. Das Laisser-faire-Gehabe gibt keine Vorgaben, hält sich aus allem heraus und verunsichert in seiner Unverbindlichkeit das Gegenüber.

So ist beides wenig hilfreich auf dem Weg zu sich selbst, bei der Suche nach der eigenen Identität. Wo Menschen sich auseinandersetzen und miteinander streiten, da zeigen sie Interesse aneinander, da ist der eine dem anderen nicht gleichgültig. Reibung erzeugt Wärme! Eltern und Jugendliche, die sich aneinander reiben, ohne sich willentlich zu verletzen, erfahren etwas von dieser Wärme, erleben oft ganz unverhofft menschliche Nähe und Wertschätzung.

Oft genug brauchen Eltern und Jugendliche einen „neutralen" Ort, wo sie sich zusammensetzen und über ihre Probleme offen miteinander sprechen können. Ein solcher Ort könnten die Einrichtungen der Erwachsenen- und Elternbildung sowie der Jugendarbeit sein, nicht zuletzt die kirchlichen Gemeinden. Sie könnten den notwendigen Brückenschlag zwischen den Generationen vornehmen und dabei gleichzeitig die Kluften überwinden helfen.

Wenn Kinder andere Wege gehen

Eltern können sich zu keiner Zeit von der Lebensgeschichte ihrer Kinder lossprechen. Zu groß war und ist teilweise noch ihr Einfluß. Die entscheidenden Prägungen – positiver wie negativer Art – erfahren junge Menschen zunächst im eigenen Elternhaus. Geblieben sind den Eltern bis auf den heutigen Tag – auch wenn es vielen schwerer fällt als früher – die Verantwortung für ihre Kinder und ihr Erziehungsauftrag bzw. ihre Erziehungspflicht. Sie sind nach wie vor ganz wesentlich mitbeteiligt am gegenwärtigen und zukünftigen Wohlergehen ihrer Kinder. Daß das den meisten Eltern hinreichend gelingt, zeigt der „neueste Trend": Die jungen Leute bleiben wieder länger zu Hause wohnen. 80 % der Jugendlichen bis 18 Jahre leben mit ihren Eltern zusammen (1962 nur 72 %). Diese Entwicklung mag vielfältige Ursachen haben; sie verweist zunächst einmal auf eine „leichte Entspannung" im Verhältnis zwischen den Generationen.

Auch wenn der Auszug der Kinder sich zu verzögern scheint, zu irgendeinem Zeitpunkt wird er fällig. Und dann kann es nach wie vor Überraschungen geben: Daß Kinder, die ausziehen, ganz andere Wege gehen als den Eltern lieb ist. Der Film hat einige Beispiele aufgezeigt. Die meisten Kinder wollen ganz anders sein und ganz anders leben als ihre Eltern. Sie lehnen die elterlichen Werte und Maßstäbe ab und suchen ihre eigenen Lebensweisen. Das geht selten ohne Enttäuschung, ohne wechselseitige Vorwürfe und Schuldzuweisungen ab.

Eltern müssen wissen, daß ihre Verantwortung für die Kinder in dem Maße abnimmt, wie diese selbst als junge Erwachsene ihr Leben allmählich eigenverantwortlich in die Hand nehmen müssen. Sie können den Boden für eine verantwortliche Entscheidung bereiten, aber entscheiden müssen letztlich die Söhne und Töchter selbst. Und so schwer es auch fällt, die Entscheidungen der Kinder wollen respektiert sein, auch wenn sie vielleicht nicht so ohne weiteres akzeptiert werden können. Wenn Kinder andere Wege gehen, dürfen sie nicht von den Eltern fallengelassen werden. Es werden vielleicht Zeiten kommen, wo der Weg ins Elternhaus der einzige Ausweg aus einer verfahrenen Situation sein kann. Dann sind Eltern als Wegbegleiter wichtiger als je zuvor.

3. Gesprächsimpulse

Bei Eltern / Erwachsenen

1. Möglichkeit: Rückblick auf die eigene Kindheit

– Wie haben wir selbst die eigene Kindheit und Jugendzeit erlebt? Wie war unser Verhältnis zu den Eltern? Wer (Personen) oder was (Ereignisse) haben uns ganz wesentlich geprägt?

– Wie erleben wir uns heute als Eltern? Wie sieht nun unser Verhältnis zu den Kindern aus? Wer oder was prägt ganz wesentlich unsere jungen Leute?

2. Möglichkeit: Ausblick auf mögliche Entwicklungen

– Wie verhalten wir uns, wenn unsere Kinder von heute auf morgen aus dem Hause ziehen,
  - um eine eigene Bude zu nehmen
  - um mit dem Freund / der Freundin zusammenzuleben
  - um in eine Wohngemeinschaft zu ziehen?

Bei Eltern und Jugendlichen

3. Möglichkeit: Metapher

Metaphern sind bildhafte Vergleiche. Wir brauchen täglich zahlreiche Metaphern, um abstrakte Begriffe und Zusammenhänge zu veranschaulichen. Wir behaupten beispielsweise von einem Menschen, daß er stark wie ein Bär oder listig wie ein Fuchs sei. Unser Gesprächspartner kann sich dadurch leichter ein „Bild" von der betreffenden Person machen.

- Den Teilnehmern wird erklärt, was eine Metapher bedeutet.

- Sie schreiben auf einem Blatt Papier möglichst spontan verschiedene Metaphern zu folgenden Stichworten auf:
  Eltern: Jugendliche sind wie ...
  Jugendliche: Eltern sind wie ...

- In getrennten Gesprächsgruppen tauschen Eltern und Jugendliche die Ergebnisse aus. Sie wählen 5 bis 6 besonders aussagestarke Metaphern aus und schreiben sie mit Filzstift auf Plakatkarton.

- Im Plenum werden die ausgewählten Metaphern vorgestellt, miteinander verglichen und anschließend diskutiert.

4. Literatur

Klaus Allerbeck / Wendy J. Hoag
Jugend ohne Zukunft?
Einstellungen, Umwelt, Lebensperspektiven
München 1985

Franz Kamphaus
Briefe an junge Menschen
Freiburg 1988

Manfred Plate (Hrsg.)
Ungläubige Jugend?
Briefe und Bekenntnisse
Freiburg 1987

SONN
TAG
Hennes

Sonntag muß sein

„Fang jeden Tag wie einen Sonntag an“, schallt es uns am frühen Morgen aus dem Radio entgegen. Es ist kein Satz aus einer Morgenandacht, in der ein Seelsorger die christliche Gestaltung von Alltag und Sonntag in den Mittelpunkt rückt. Es ist ein Werbetext, der zum Kauf eines bestimmten Produktes anregen soll. Nach Ansicht des Herstellers gehört es alltags und sonntags auf jeden Frühstückstisch. Was versprechen sich Werbetexter von einem Slogan, der bei den Hörern „Sonntags-Gefühle“ wecken will?

Mit keinem Tag in der Woche verbinden Menschen so viele Wünsche und Erwartungen, Hoffnungen und Sehnsüchte. Dieser Tag ist es, an dem glücken soll, was im Alltag häufig vernachlässigt bleibt. Frei vom Zwang vieler Verpflichtungen in Schule, Haushalt und Beruf gibt es für Männer, Frauen, Jugendliche und Kinder einen Nachholbedarf, der so verschieden ist, wie die Interessen und Bedürfnisse unterschiedlich sind. Die Werbetexter wissen, daß der Sonntag den Menschen wichtig ist, daß der Sonntag sein muß.

1. Zum Inhalt des Filmes

In anschaulicher Weise vermittelt der Film, wie notwendig der Sonntag für Menschen ist. Drei Familien und eine ältere Frau werden mit ihrem Sonntag vorgestellt. So verschieden die Ausprägung ist, gemeinsam ist ihnen die Auffassung, man müsse so etwas wie den Sonntag erfinden, wenn es ihn nicht bereits gäbe.

Da ist die erste Familie, für die wichtig ist, daß sonntags alle dasind. Nicht gemeinsames Tun den ganzen Tag über ist hiermit für sie gemeint. Für jeden bleibt eigene Zeit, Zeit zum Spielen, Töpfern, Lesen, Musikhören, zum Gang in den Garten. Auf die Mitfeier der Hl. Messe möchte kein Familienmitglied verzichten, auch die jugendlichen Kinder nicht.

Eine zweite Familie begegnet dem Zuschauer. Die Kinder leben mittlerweile nicht mehr alle im elterlichen Haushalt. Sie bilden zum Teil schon eigene Familien. Am Sonntag jedoch kommen sie in ihr Elternhaus, ohne daß daraus ein heimliches Muß entsteht. Sie sehen darin eine gute Möglichkeit, sich zu begegnen, im Gespräch zu bleiben, Neues zu entdecken – und das auch im längst fälligen Streitgespräch. Es treffen aufeinander der Vater, für den „ohne Kirche“ kein Sonntag ist und sein Sohn, der hierfür „keine Ambitionen“ hat; der Sohn, für den sonntags der Abstand von der Alltagshektik wichtig ist und sein Bruder, der die Unternehmungen mit seiner Clique nicht missen will.

Kleine Kinder geben dem Sonntag der Familie ein anderes „Gesicht“. Anschaulich wird dies bei der dritten Familie. Ruhe und Muße sind für kleine Kinder nicht erstrebenswert. Sie fordern ohne Aufschub; für sie gibt es nur das Hier und Jetzt. Die Eltern stellen sich darauf ein, widmen sich ihren Kindern, auch wenn sie sich nach einer Pause sehnen.

Hinter ihrem Sonntag steht kein Muß. Es ist ein Tag ohne Pflichten nach einem Leben in einem Geschäftshaushalt mit ihren sieben Tagen Arbeit rund um die Uhr. Langeweile gibt es für sie nicht. Neben Lesen und Schreiben hat die Gemeinschaft einen großen Stellenwert. Es ist eine ältere Frau, die ihren Sonntag so sieht und für die feststeht, daß die Religion zum Sinn des Tages gehört. Die regelmäßige Teilnahme am Sonntagsgottesdienst in der Pfarrkirche folgt für sie jedoch nicht zwangsläufig daraus. Und für sie steht fest: „Der liebe Gott nimmt einem das nicht übel.“

Vier Blickwinkel auf einen Tag hin. Vier unterschiedliche Sichtweisen eines Tages mit äußerer Ruhe, eines Tages, an dem nicht immer etwas passieren muß. Zu Recht unterstreicht der Autor Gregor A. Heussen in seinem Film, wie sehr die äußere Ruhe Chance, aber nicht zugleich Gelingen des Sonntags beinhaltet.

2. Was man zum Thema wissen sollte – Was den Sonntag bedroht

An manch einem Sonntagabend ist man über verpaßte Chancen enttäuscht. Die mit dem Sonntag verbundenen Wünsche und Sehnsüchte sind nicht selten bedroht in Familie, Kirche und

Gesellschaft. Was gefährdet den Sonntag, vereitelt nicht selten sein Gelingen?

Aufhebung des Sonntagsarbeitsverbotes

3,85 Millionen Erwerbstätige müssen auch am Sonntag arbeiten, und die Zahl steigt stetig von Jahr zu Jahr. Blieb dies früher die Ausnahme, soll es nach Ansicht einiger zur (möglichen) Regel werden. Zeitungsschlagzeilen spiegeln die öffentliche Diskussion wider: „Kann Sonntagsarbeit Sünde sein? – Die IG-Metall kämpft bei IBM gegen die Arbeit am Wochenende". (Die Zeit, 5.2.1988) – „In hochtechnisierten Industrien wie der Chips Branche wird (...) das Sonntagsverbot nicht mehr gelten, wenn sie nachweisen, daß andernfalls durch Wettbewerbsnachteile gegenüber dem Ausland ihre Arbeitsplätze bedroht werden". (NRZ, 16.12.1987) – Mit Blick auf die internationale Konkurrenzfähigkeit hat der Ministerpräsident des Saarlandes Lafontaine „sogar die geheiligte Sonntagsruhe infrage gestellt. Die Voraussage ist nicht schwer, daß sich die Gemüter vor allem über eine Veränderung der Wochenendarbeitszeit erhitzen werden." (NRZ, 01.09.1988)

Ausnahmeregelungen für die Sonntagsarbeit gab es immer. Der kontinuierliche Produktionsprozeß machte sie erforderlich. Schließlich läßt sich z. B. ein Hochofen nicht einfach abschalten. Doch nun verstärken Unternehmen die Bestrebungen, durch Flexibilisierungen die Arbeitszeiten auch auf den Sonntag auszuweiten. Ihr Argument ist die Sicherung der Arbeitsplätze, denn der internationale Konkurrenzdruck mache es erforderlich, die Betriebskosten zu senken. Möglich sei dies nur durch eine längere Maschinenlaufzeit, die den Sonntag nicht ausspart. Bei einer solchen ökonomischen Betrachtungsweise, die nur nach Gewinn und Verlust fragt, ist der zweckfreie Sonntag bedroht.

Ein „Wochenende" ohne Sinn

Für Freizeitpädagogen steht fest: Das eigentliche Problem der Freizeit gerade am Wochenende ist die Langeweile. Sie sei letztlich darin begründet, daß die Freizeit nicht mehr von einem Sinn getragen werde. Feierte früher der Mensch am Sonntag in der Gemeinde seinen Lebenssinn, steht er heute einer Fülle von Sinn-Angeboten gegenüber. Das Grundgesetz spricht vom Sonntag als Tag der „seelischen Erhebung", doch wozu und wohin sich die Seele erheben soll, bleibt weitgehend unklar. Schnell kann der Mensch in einer „Hilfe"-losen Gesellschaft selbst hilflos werden. War in vergangenen Zeiten der Sonntag geradezu ein Sinn-Signal, scheint er in der Gegenwart für viele in einem langen Wochenende profillos unterzugehen. Dies bedroht den Sonntag und den Menschen, der auf der Suche nach einem tragenden Sinn für sein Leben ist.

Alltagshektik am Sonntag

Es kann nicht gelingen, den Sonntag losgelöst vom Alltag zu betrachten. Vieles, was die Woche über auf den Menschen einstürmt und ihn bedrängt, wird ihn auch am Sonntag nachhaltig prägen. Mit dem zunächst „leeren Zeitrahmen" des Sonntags tut sich derjenige schwer, der im Alltag einer schier erdrückenden Fülle von Verpflichtungen nachgehen muß. Nichtstun, zweckfreie Beschäftigung und Muße fallen dann zwangsläufig schwer. Bereits im Jahr 1948 stand für den Philosophen Josef Pieper fest, daß die Muße als eines der Fundamente unserer Kultur in einer totalen Arbeitswelt ganz und gar unkenntlich werden muß. Aufhorchen lassen die Forschungsergebnisse von Verhaltensforschern, die vor drei Gefahren für die Menschheit warnen: vor der Gefahr des Atomtodes, der Überbevölkerung und der fehlenden Muße.

Zunehmende „Sonntagsneurosen"

Der Montagmorgen im Kindergarten und in der Schule unterscheidet sich nach Auskunft von Erzieherinnen und Lehrern deutlich von anderen Tagen. Viele Kinder sind verstörter und aggressiver. Das läßt Rückschlüsse auf den Sonntag in der Familie zu. Vielfach wird unkritisch und im Übermaß konsumiert, was Medien und Freizeitindustrie anbieten. Psychologen sehen darin Fluchterscheinungen vor Oberflächlichkeit und Sinn-losigkeit. Zweifel, Fragen und Unsicherheiten sollen so abgewehrt werden. Der Psychologe Viktor E. Frankl spricht von „Sonntagsneurosen" und meint dazu: „Man hat bei allem Tempo den Eindruck, als ob der Mensch, der nur kein Ziel im Leben weiß, den Weg des Lebens deshalb mit höchst möglicher Geschwindigkeit liefe, damit er die Ziellosigkeit nicht merke."

Sonntag in der Familie

Das Miteinander in der Familie erscheint gerade am Sonntag besonders schwierig zu sein. Vieles wird verarbeitet, was von außen durch Schule, Beruf, Verein und Verwandtschaft in die Familie hineingetragen wird. Im Alltag kann durch Verpflichtungen und Tätigkeiten manches beiseitegeschoben werden, was am Sonntag nach einer Antwort oder Entscheidung verlangt. In besonderer Weise gilt dies für das Verhältnis zwischen Jugendlichen und Eltern. So ist beispielsweise im Gegensatz zu früher der Sonntagsgottesdienst Anlaß für tiefgreifende Auseinandersetzungen.

– Wie der Sonntag ein neues „Gesicht" erhalten kann

Wer Ansätze für ein neues „Sonntag-Gesicht" benennen will, stößt schon bald auf Schwierigkeiten. Immer steht er in der Gefahr, den unterschiedlichen Lebenssituationen der Menschen nicht Rechnung zu tragen. Grunderfahrungen und Grundhaltungen können dagegen benannt werden, die den Ausgangspunkt für die persönlichen Überlegungen und Entscheidungen bilden. Der Sonntag wirkt dann ansteckend, wenn wir ihn durch gelebte Praxis als lebenswert erfahren.

Politische Dimensionen der Sonntagsthematik

Diese persönliche Suche muß in einer Zeit vorgenommen werden, in der Politiker, Unternehmer, Gewerkschaftler und Vertreter der Kirchen um den Schutz des Sonntags streiten. Durch die Einführung des Europäischen Binnenmarktes wird sich diese Diskussion noch verschärfen. Hier stehen grundlegende Werte auf dem Spiel. Damit hat die Sonntagsthematik eine politische Dimension, die nicht aus dem Blickfeld geraten darf.

Verantwortungsträger in der Gesellschaft müssen an den Artikel 140 des Grundgesetzes der Bundesrepublik Deutschland erinnert werden, der besagt: „Der Sonntag und die staatlich anerkannten Feiertage bleiben als Tage der Arbeitsruhe und der seelischen Erhebung gesetzlich geschützt." Weist das Wort „bleiben" nicht darauf hin, daß der Gesetzgeber etwas vorgefunden hat, was nicht er geschaffen hat; etwas, das sich letztlich seiner Gewalt entzieht, auch wenn es seines Schutzes bedarf? In der politischen Diskussion darf kein Zweifel aufkommen! Der Schutz des Sonntags steht nicht zur Disposition! Angebliche Sachzwänge (zumeist nur unter Gewinn- und Verlustgesichtspunkten) können diese Grundentscheidungen nicht relativieren. Sachzwänge sind nicht absolut gesetzt, existieren nicht ohne menschliche Vorentscheidungen und bleiben daher ständig hinterfragbar.

Ist die Offensive für den Sonntag vergeblich, antiquiert, nur etwas für Gestrige? Der Münchener Philosoph Robert Spaemann stellt demgegenüber klar, „daß alles Humane in der Welt, alle Struktur, alles Recht dem Trend abgerungen ist. (...) Alles Organische, alles Leben, alles Humane geht in umgekehrte Richtung."

Abstand vom Alltäglichen

Wie sehr vermag der Sonntag manche Einseitigkeit des Alltags ausgleichen, der nicht selten unter dem Anspruch der Zwänge und Zwecke steht. Am Sonntag können diese zurücktreten, und es kann klarer werden, wie unzulänglich und verarmt das Leben nur unter den Gesichtspunkten Erfolg, Leistung und Zweckmäßigkeit betrachtet würde. Der Sonntag stellt die Alleingültigkeit solcher Kategorien infrage. Er schenkt die Gelegenheit, durch gute Gewohnheiten Abstand zu gewinnen von Alltäglichkeiten: durch das gemeinsame Essen ohne Zeitdruck, das lang aufgeschobene Gespräch, durch den Gottesdienst, das Spiel mit den Kindern ...

> Auf die Frage des kleinen Prinzen, was denn ein fester Brauch sei, antwortete ihm der Fuchs: „Auch etwas in Vergessenheit Geratenes. Es ist das, was einen Tag vom anderen unterscheidet, eine Stunde von den anderen Stunden. Es gibt zum Beispiel einen Brauch bei meinen Jägern. Sie tanzen am Donnerstag mit den Mädchen des Dorfes. Daher ist der Donnerstag der wunderbare Tag. Ich gehe bis zum Weinberg spazieren. Wenn die Jäger irgendwann einmal zum Tanz gingen, wären die Tage alle gleich und ich hätte niemals Ferien."
>
> *Antoine de Saint-Exupéry*

Wo Zeit bleibt

Zu den meistgesprochenen Sätzen gehört wohl folgender: „Dafür habe ich keine Zeit." Es ist zu hören, wenn es um Muße und Besinnung geht. Immer muß etwas „herausspringen", immer „muß es etwas bringen". Leben verkümmert, wo keine Zeit für mich, für andere Menschen und für die Besinnung auf einen tragenden Grund des Lebens bleibt. Ein falscher persönlicher und gesellschaftlicher Lebensstil tritt zu Tage. Der Sonntag ermöglicht neue Gewichtungen. Er ist ein Zeichen des Widerspruchs gegen die sich ausufernde Mentalität des Habens und der Leistung. Sonntags kann es Zeit geben für das, was für unser Leben wirklich bedeutsam und in sich selbst sinnvoll ist.

Abseits von bloßen Funktionen

Handwerker, Unternehmer, Geschäftsinhaber, Arzt, Hausfrau: meistens wird der andere Mensch in seiner Funktion gesehen, in seiner Aufgabe, die er übernommen hat. Die alltäglichen Beziehungen betonen diese Sichtweise. Der Sonntag kann Alternativen ermöglichen und freimachen für den „ganzen" Menschen. Er ist Ort und Gelegenheit, hinter die Funktionen zu schauen und zu erkennen, wie der andere wirklich ist oder sein möchte. Der Sonntag hilft, die Hoffnungen auf personal-ganzheitliche Begegnungen wachzuhalten.

Chance für Gemeinsamkeit

Was wäre gewonnen, wenn die Mutter mittwochs, der Vater freitags und die Kinder sonntags frei hätten? Familienleben zerfiele. Bloße Vereinzelung würde sich verhärten. Der Sonntag schafft Gemeinschaft in Familie, Freundeskreis und Gemeinde. Menschen leben nicht für sich allein. Sind die Auseinandersetzungen um die Sonntagsarbeit im tiefsten nicht sogar Ausdruck einer Krise zwischenmenschlicher Beziehungen überhaupt?

Für Christen sind die Diskussionen um den Sonntag eine Herausforderung, sich der zentralen Bedeutung dieses Tages für das Leben des Volkes Gottes bewußt zu werden. Der christliche Sonntag meint das Wesentliche des Glaubens. An diesem ersten Tag der Woche feiern Christen die Auferstehung Jesu als den Grund ihrer lebensbestimmenden Hoffnung. Sie feiern in der Eucharistie das zentrale Geheimnis ihres Glaubens, ein wöchentliches Osterfest. Seit den Anfängen der Kirche kommen die Christen sonntags zusammen zum Gebet, zum Hören des Wortes Gottes und zum Brechen des Brotes (Apg 20,7). Der Sonntag kann letztlich nur von diesem Ursprung her verstanden werden.

Über die Juden hat man gesagt, sie hätten in der Zerstreuung nur als Volk überleben können, weil sie den Sabbat gehalten haben. Aber mehr als sie den Sabbat gehalten hatten, habe er sie gehalten. Gilt dies nicht vielleicht heute auch für Christen in einer sich ständig verschärfenden Diasporasituation: Werden sie als Volk Gottes nur überleben, wenn sie den Sonntag als Herrentag halten? Und wird es später auch über sie heißen: Der Sonntag hat sie mehr gehalten, als sie ihn gehalten haben?

3. Wie man in ein Gespräch kommt

In einer ersten Gesprächsrunde sprechen die Teilnehmer/innen über den Film und tragen dessen zentrale Anliegen zusammen. Das weiterführende Gespräch kann sich mit der Frage der Sonntagsarbeit oder der Gestaltung des Sonntags in der Familie befassen:

1. Möglichkeit

Die Teilnehmer/innen erhalten den abgedruckten Zeitungsausschnitt aus der FAZ vom 22.6.1988 und bilden nach einer stillen Lektüre und möglichen Rückfragen zum Verständnis zwei Gruppen. Die eine Gruppe sammelt in einer 20minütigen Gesprächszeit Argumente für eine Ausweitung der Sonntagsarbeit; die andere Gruppe sammelt Argumente für die weitestgehende Arbeitsruhe am Sonntag. Der Artikel kann bei der Suche nach Argumenten in beiden Gruppen helfen. Im größeren Kreis werden danach die Argumente gegenübergestellt und besprochen.

„Am Sonntag gemeinsames Aussteigen aus der Welt der Sachzwänge“

Warum der Philosoph Spaemann den siebten Arbeitstag ablehnt / Anhörung in Stuttgart / Von Alfred Behr

STUTTGART, 21. Juni. Der Münchner Philosoph Spaemann hat bei einer Anhörung in Stuttgart zum Thema Sonntagsarbeit dafür plädiert, den Sonntag weiterhin zu heiligen und von Arbeit freizuhalten. Arrangiert wurde die Anhörung von der CDU-Fraktion im baden-württembergischen Landtag, deren Fraktionsvorsitzender Teufel die Ansicht vertrat, die Arbeitsruhe am Sonntag müsse Vorrang vor wirtschaftlichen Interessen haben, das „Verfassungsgut Sonntag“ dürfe nicht vorschnell angeblich technisch-wirtschaftlichen Zwängen geopfert werden.

Spaemann meinte, der gefährlichste Angriff auf den Sonntag sei die heimtückische Frage, was er denn koste. Denn der Sonntag sei doch gerade dadurch Sonntag, daß er nichts koste und wirtschaftlich nichts bringe. Wer den Sonntag gedanklich schon in einen Arbeitstag verwandle und den Lohnausfall errechne, wenn er an diesem Tag nicht arbeite, habe er mit dieser Rechnung bereits den fundamentalen Sinn zerstört, den der Sonntag in den christlichen Ländern habe. Der Sinn liege darin, daß der Sonntag nicht Teil des funktionalen Systems unserer Daseinssorge sei. „An diesem Tag“, sagte Spaemann, „sind wir nicht Knechte, sondern Herren.“

Der Sonntag sei mehr als nur ein arbeitsfreier Tag; an ihm werde das Leben gefeiert, und niemand könne für sich allein feiern.

Freizeit dagegen könne individuell konsumiert werden. Der Sonntag sei seit über tausend Jahren das gemeinsame rhythmische Aussteigen aus der Welt der Sachzwänge. Er bringe nicht bloß eine Verschnaufpause, sondern sei der Tag, an dem die Welt zu ihrem Sinn finden sollte.
Freilich gehe es nicht ganz ohne Sonntagsarbeit, die gerechtfertigt sei, wenn sie der Erhaltung von Leben oder von Produktionsstätten diene. Wenn in Krankenhäusern werdende Mütter so behandelt würden, daß sie ihre Kinder nicht sonntags zur Welt brächten, dann sei dies eine Perversion, hinter der nicht der Schutz des Sonntags stehe, sondern ein falsches Freizeitverständnis von Funktionären, die ihrem Beruf innerlich nicht verbunden sind.
Seine Forderung, daß der Sonntag als allgemeiner Arbeitstag nicht zur Verfügung stehen dürfe, verband Spaemann mit der Frage, warum die Industrie Methoden der Produktion entwickelt habe, die nur unter irrealen Voraussetzungen rentabel seien. In einem Land ohne Wasser baue man keine Wasserkraftwerke. Also dürfe hierzulande bei der Entwicklung von Produktionsverfahren nicht so getan werden, als gebe es einen siebten Arbeitstag. Der Gesetzgeber, mahnte der Philosoph, solle den Sonntag nicht zur Disposition stellen.
Vertreter verschiedener Industriezweige versuchten deutlich zu machen, warum es in manchen Betrieben notwendig sei, mitunter sonntags zu arbeiten. Dies erfordere bisweilen sogar der Schutz der Umwelt; eine biologische Kläranlage könne man nicht sonntags abschalten. Immer wieder wurde angeführt, für die Wirtschaft in der Bundesrepublik gebe es Wettbewerbsnachteile, weil die Konkurrenz in anderen Ländern sonntags arbeiten dürfe und bei längeren Maschinenlaufzeiten produziere.
Mit besonderem Interesse wurden die Ausführungen von Günther Schlappa aufgenommen, der Mitglied der Geschäftsführung der Firma IBM in Sindelfingen ist, jener Firma, der vom Stuttgarter Regierungspräsidenten Bulling vorläufig erlaubt worden ist, Ein-Megabit-Chips in Sonntagsarbeit zu produzieren. Schlappa berichtete, vom Sonntagsdienst seien insgesamt 400 Mitarbeiter betroffen. Da das Unternehmen darin einen schweren Eingriff in die Privatsphäre sehe, werde die Sonntagsarbeit nicht angeordnet, sondern ausnahmslos von Freiwilligen versehen. Mitarbeiter, die Sonntagsarbeit ablehnten, bekämen

einen gleichwertigen Arbeitsplatz am Wohnort. Vor vier Wochen sei die Sonntagsarbeit mit 250 Beschäftigten aufgenommen worden; die „Akzeptanz" des Schichtmodells sei sehr groß. Die Arbeit an Sonntagen sei nicht zur Gewinnmaximierung eingeführt worden, sondern deshalb, weil es bei der Halbleiterproduktion Arbeitsvorgänge gebe, die, wie etwa der Fotoprozeß, ohne Unterbrechung ausgeführt werden müßten. Andernfalls gebe es „Schrott". Der Stuttgarter Regierungspräsident hat der Firma IBM noch keine endgültige Erlaubnis für die Sonntagsarbeit erteilt.

FAZ / 22.06.1988

2. Möglichkeit

In kleinen Gruppen von etwa sechs Personen sprechen die Teilnehmer über folgende Impulsfragen:

a) Wie haben Sie früher als Kind Ihren Sonntag erlebt?
Woran denken Sie dabei gerne zurück und woran weniger?

b) Wie erleben Sie heute Ihren Sonntag?
Welche neuen Möglichkeiten haben sich ergeben und was vermissen Sie eher?

Für dieses Gespräch in den kleinen Gruppen muß ausreichend Zeit zur Verfügung stehen. Im großen Kreis sollte nur noch kurz berichtet und zusammengefaßt werden.

4. Literatur

Hans Halter (Hrsg.)
Sonntag – der Kirche liebstes Sorgenkind
Analysen, Deutungen, Impulse
Zürich 1982 (NZN Verlag)

Michael Schlagheck / Burkhard Schönwälder (Hrsg.)
Unser Sonntag · Eine Offensive · Das Werkbuch für die Praxis
Würzburg 1986

Robert Spaemann
Jenseits der alltäglichen Sachzwänge
Warum der Sonntag geschützt bleiben muß,
in: Herder Korrespondenz 42 (1988) S. 431-434

FAMILIE
Hennes

Wieder zu zweit

„War das schon alles?„ lautete die bange Frage einer ungefähr 50 Jahre alten Teilnehmerin einer Bildungswoche für Ehepaare in der Lebensmitte. Mit dieser bangen Frage hatte sie die Gefühlslage der meisten Frauen genau getroffen. Gemeinsam mit den Ehepartnern hatten sie schon zwei Tage lang ihr eigenes Leben Revue passieren lassen, ihre Lebensgeschichte mitgeteilt und die vielen gleichen Erfahrungen untereinander besprochen.

„War das schon alles?" Diese Frage richtete zugleich den Blick in die Zukunft. Die Kinder werden in absehbarer Zeit ganz aus dem Haus sein, die Eheleute wieder zu zweit allein leben.

1. Zum Inhalt des Filmes

Ziehen die Kinder aus dem Haus, verändert sich einiges im Haushalt und in der ehelichen Beziehung. Der Film zeigt beispielhaft ein Ehepaar, welches die Jahre „wieder zu zweit" selbstbewußt und mit Fantasie angeht.

Der Ehemann, wie seine Frau um die 50 Jahre alt, arbeitet als Berater und Fortbilder für Erzieher in der Heimerziehung. Seine Frau hat vor einem Jahr einen kleinen Modeladen für „Chic ab Größe 44" eröffnet. Ursprünglich hatte sie Zahnarzthelferin gelernt und nach einer Zusatzausbildung fünf Jahre lang ein Altersheim geleitet. In ihrem Laden verkauft sie aber nicht nur Mode. Viele Frauen kommen auch ratsuchend zu einem Gespräch in ihr Geschäft.

Nach dem Auszug des jüngsten Sohnes sind in ihrem Haus, das sie seit acht Jahren bewohnen, Räume neu einzuteilen. Dabei werden Erinnerungen an die vergangenen Jahre und an die Zeit wieder wach, bevor die Kinder geboren waren. Die gemeinsame freie Zeit wird größer, Abende müssen nun anders gestaltet werden. Dieses Ehepaar nutzt die Chance des „Wieder-zu-Zweit-Seins". Sie lernen, einander im Beruf, in der freien Zeit, im Haus und in ihren Plänen für die Zunkunft neu sehen und entdecken. Dabei fallen aber auch Schwächen der Partner erneut auf.

Im Gespräch der Eltern nach einem Besuch der Söhne wird deutlich, daß die beiden ihnen allmählich fremder werden. Der Umgang mit deren Lebenspartnern, deren politische Einstellung und der Lebensstil der jungen Leute irritieren sie.

In den gemeinsamen Gesprächen nehmen die Pläne für die Zeit nach der Pensionierung einen großen Raum ein. Sie stellen sich vor, in ein fremdes Land zu gehen und dort als „senior-partners" in der Entwicklungshilfe tätig zu werden.

Der Film geht von den äußeren Bedingungen der neuen Situation aus und dringt immer tiefer in die inneren Umstellungen und in die damit verbundenen Anforderungen ein.

2. Was man zum Thema wissen sollte

Wenn die Kinder aus dem Haus gehen, bleibt das nicht ohne einschneidende Auswirkungen auf das Leben der Eltern. Frauen und Männer erleben und bewerten diese Situation jedoch sehr verschieden. Der Mann steht auf dem Höhepunkt seiner beruflichen Karriere und findet in seinen Aufgaben Halt und Bestätigung. Sein Lebensalltag wird durch den Beruf vorgegeben, der zeitliche Spielraum für das Familienleben ist begrenzt.

Die Frauen haben in der Regel nach der Geburt des ersten Kindes ihren Beruf an den „Nagel" gehängt und sich ganz ihren Aufgaben als Ehefrau und Mutter gewidmet. Durch den Auszug der Kinder werden sie weit mehr belastet als die Männer, verlieren sie doch einen wichtigen Anteil ihrer Lebensaufgaben, häufig sogar ihren alleinigen Lebensinhalt. Einige Psychologen sprechen sogar von einem „vorzeitigen weiblichen Ruhestand", in seinen Auswirkungen vergleichbar mit dem Ausscheiden aus dem aktiven Berufsleben. Zugleich verringern sich die sozialen Kontakte. Die Kinder brachten Freunde und Bekannte ins Haus; die Mutter war einbezogen in so manches Gespräch und in so manche Vorhaben und Planungen. Es war immer etwas los im Haus.

Viele Frauen wollen nun außerhalb der Familie aktiv werden. Dabei bevorzugen die meisten eine berufliche Tätigkeit, da die verengte Perspektive unserer Gesellschaft allein hier Anerkennung und Wertschätzung zu vermitteln scheint. In vielen Fällen läßt sich dieser Wunsch aufgrund der aktuellen Arbeitsmarktsituation und der veränderten beruflichen Anforderungen nicht realisieren. Der Wiedereinstieg ins aktive Arbeitsleben nach der familiären Phase bleibt für die meisten nur ein Wunschtraum.

Viele Frauen haben über die Jahre hinweg die eigenen Wünsche, Interessen und Fähigkeiten zugunsten der Familie zurückgestellt. Persönliche Vorlieben und persönliche Dinge mußten den Bedürfnissen und Anforderungen der Kinder weitgehend weichen. Die Familie wurde zum eigentlichen Lebensinhalt. So sehr beanspruchten die Kinder Aufmerksamkeit und Zuwendung, daß nur noch wenig Zeit für die Ehe und das eigene Leben übrigblieb. Teilhabe am Leben in Gesellschaft, Politik und Kirche war fast ausschließlich nur einem der Ehepartner vorbehalten. Der gemeinsame Besuch von Theater oder anderen kulturellen Veranstaltungen sowie die gemeinsame Teilnahme an Kursen oder Vorträgen zur persönlichen Weiterbildung ließ sich nur selten verwirklichen.

Älterwerden – und nur Verluste?

Jede dritte Ehescheidung erfolgt in der Bundesrepublik Deutschland nach 18 und mehr Ehejahren. Gerade dann, wenn die Kinder sich aus dem Elternhaus lösen, wenn die Familie einen ganz wesentlichen Teil ihrer Funktion verliert, wenn sich die Ehepartner wieder stärker auf sich selber besinnen können oder müssen, stellen sie fest, daß sie eigentlich seit Jahren schon aneinander vorbeigelebt haben. Das Leben zu zweit wurde völlig der Familie und dem Beruf untergeordnet. Gemeinsame Lebensinhalte waren die Kinder, die Sorge um deren Zukunft und die vielfältigen Bemühungen um die materielle Absicherung und den beruflichen Aufstieg des Mannes. Die gegenseitige Anteilnahme an den Problemen und Fragen des Ehepartners wurde zusehends vernachlässigt. Zeit für ein Leben zu zweit war kaum mehr vorhanden. Zärtlichkeit und Sexualität, der wechselseitige Austausch von Zuneigung und Wertschätzung, nahmen mit der Zeit einen immer kleineren Raum im täglichen Leben ein. Die gemeinsame Gestaltung des Ehealltags verfiel zusehends der Routine. Wenn in einer solchen Situation die Kinder aus dem Haus ziehen, fällt mit ihnen der letzte gemeinsame Halt und die letzte verbindende Gemeinsamkeit aus. Dann bleibt nur die Frage: „War das schon alles?" Diese Frage nach dem Sinn menschlichen Zusammenlebens stellt sich in der Zeit der Lebensmitte auf ganz neue und vielfach bedrängende Weise.

Die unerfüllten Sehnsüchte und Hoffnungen an die Beziehung, an Ehe und Familie, an Sexualität und Partnerschaft, werden gerade zu diesem Zeitpunkt zu unausweichlichen Anfragen an das bisherige Eheleben. „Ich hatte mir alles anders vorgestellt!", „Ich habe vieles versäumt!", „Ich möchte noch einmal von vorne anfangen!", so lauten oft genug die Antworten. Verbergen sich hinter diesen Fragen und Feststellungen nicht häufig noch grundsätzlichere Anfragen an das eigene Leben und an die bisherige Lebensorientierung? Das Gefühl, etwas versäumt zu haben, kann zu einem Nachholbedarf um jeden Preis, ohne Rücksicht auf den Partner, führen.

Verstärkt werden solche Reaktionen durch erste deutliche Anzeichen des Alters. Vielfältige Ängste kommen auf, mit zunehmendem Alter nicht mehr jung, attraktiv und begehrenswert zu sein, zum „alten Eisen" zu gehören, zu nichts mehr nütze zu sein. Hinter diesen Fragen und Ängsten verbirgt sich im letzten die zunehmende Erkenntnis der eigenen Endlichkeit.

Für die Männer sind solche Erfahrungen nur für einen kurzen Zeitraum aufgeschoben, auch sie werden bald schon von Unsicherheiten und Zwängen eingeholt. Im Beruf machen jüngere Kräfte die Positionen der älteren streitig. Letztere verfügen zwar über die größere Routine, aber ihnen mangelt es sichtlich am neuesten Know-how. Immer mehr jüngere Kollegen, vielleicht sogar solche, die einst bei ihnen in die Lehre gegangen sind, entwickeln sich zu Konkurrenten und Widersachern. Äußere Zwänge und psychischer Druck am Arbeitsplatz belasten zunehmend die Menschen um die Lebensmitte.

Erschwerend kommt die aktuelle Problematik der Vorruhestandsregelung hinzu. Gegen ihren ausdrücklichen Willen werden immer mehr Arbeitnehmer frühzeitig – oft genug von einem Tag auf den anderen – aus dem Arbeitsleben entlassen. Sie verlieren ihren Arbeitsplatz und damit zugleich einen Teil ihres Lebens. Viele, die mit ihrem Beruf „verheiratet“ waren, stehen nun „vor dem Nichts“. Sie fühlen sich abgeschoben, ins Abseits gestellt, nutz- und wertlos.

Konsequenz: Ehe leben

Kinder verlassen nicht urplötzlich das Haus. Das Leben „zu zweit“ stellt sich nicht von einem Tag auf den anderen ein. Kinder werden mit der Zeit älter, selbständiger, erwachsener, unabhängiger. In diesem Prozeß des Erwachsenwerdens nehmen langsam, aber stetig auch die Bindungen zu den Eltern ab. Beschäftigen kleine Kinder noch den ganzen Tag die Eltern, so wird deren Freiraum mit zunehmendem Alter der Kinder immer größer. Sie finden nun mehr und mehr Zeit, die eheliche Beziehung wieder stärker zu pflegen. Mit der wachsenden Unabhängigkeit der Kinder kann die Aufmerksamkeit der Ehepartner füreinander wieder belebt, können gemeinsame Aktivitäten und Interessen neu entdeckt werden. Lange zurückgestellte Wünsche und Bedürfnisse werden jetzt langsam wieder nach vorne rücken. „Das Leben zu zweit“ kann so Schritt für Schritt eingeübt werden.

Dabei ist es wichtig, neue Aufgaben und Lebensfelder gemeinsam mit dem Partner zu finden – und nicht gegen ihn. Schließlich muß er den neu eingeschlagenen Lebensweg mitgehen können. In den sich abzeichnenden Entwicklungen und Veränderungen liegt eine große Chance: Die Partner werden sich neu entdecken und bisher noch unerkannte Erfahrungen und Möglichkeiten ausloten lernen. Menschliche Beziehungen bewahren in ihrer Eigendynamik vor der Gefahr, im alltäglichen Allerlei unterzugehen. Neu erschlossene Lebensmöglichkeiten führen zu Kontakten und lassen Freundschaften entstehen, durch die das Leben zusätzliche Inhalte und weiteren Sinn gewinnt.

Wenn die Eheleute die gemeinsamen und die eigenen Bedürfnisse, Wünsche und Entwicklungen in ihrem Lebensalltag wahrnehmen lernen, so werden sie diese auch als Anfragen an sich selber und an das zukünftige Leben miteinander werten können. Sie werden zwar zunächst den vertrauten Halt und das Gefühl der Sicherheit verlieren, aber zugleich auch spüren, wie

bedeutsam und belebend ein Wandel des ehelichen Alltags für die Beziehung ist.
Hier tun sich den Ehepartnern oft unverhoffte Möglichkeiten auf, ja in manchen Fällen kommt es gar zu einem Aufbruch zu neuen Lebensufern.

Neue Aufgaben suchen

Menschliches Handeln ist weithin darauf ausgerichtet, Dinge zu tun, die in der Gesellschaft anerkannt sind. Da zur Zeit die gesellschaftliche Bestätigung vor allem durch die Berufstätigkeit erfolgt, sollte dieses Anliegen vieler Frauen auch nicht gleich als „Profilierungssucht“ oder als „modischer Trend“ abgetan werden: Die Anerkennung der eigenen Arbeit, der Kontakt mit Kolleginnen und Kollegen und die finanzielle Vergütung sind sicherlich wesentliche Kriterien für einen solchen Schritt. Laut Aussagen des Arbeitsamtes gehören Frauen in der Lebensmitte jedoch zu den schwer vermittelbaren Personenkreisen. Gelingt dennoch der Eintritt in die eigene Berufstätigkeit, so darf dem Eheman nicht nur die defensive Rolle des Ja-Sagers zukommen. Er selbst muß sein bisheriges Leben umstellen und auf manche Annehmlichkeit und Bequemlichkeit verzichten. Die zusätzliche Belastung seines Partners muß er mittragen.

Neue Sinn- und Lebensfelder wird die Frau aber nicht allein in der außerhäuslichen Berufstätigkeit finden. Es gibt ein breites Spektrum von ehren- und nebenamtlichen Tätigkeitsfeldern im öffentlichen Leben, in den Vereinen, Verbänden, Parteien, in den Wohnvierteln, Nachbarschaften und in beiden Kirchen. Als Beispiel seien hier die Besuchsdienste bei alten Menschen sowie in den Krankenhäusern genannt, deren Wert zwar nicht durch ein Gehalt vergütet wird, deren Bedeutung für das Gemeinwohl oft genug die der beruflichen Tätigkeiten bei weitem übersteigt.

Die eigene Lebensorientierung überprüfen

Zeiten des Umbruchs sind immer auch Zeiten, in denen sich der Mensch grundsätzliche Fragen nach dem Sinn des Lebens stellt. So sind sie also Zeiten der Bestandsaufnahme und der Lebensorientierung. Eltern haben zwar in vielen Fällen gelernt, sich mit den grundsätzlichen Fragen ihrer Kinder auseinanderzusetzen, aber die Anfragen an das eigene Leben und an die eheliche Gemeinschaft haben sie oft genug zurückgestellt oder gar verdrängt.

Die Zeit der Lebensmitte aber fordert geradezu dazu auf, Zwischenbilanz zu ziehen und eine besondere „Inventur" vorzunehmen: Welche Ziele haben das eigene Leben bisher getragen? Wo liegt der besondere Wert unseres gemeinsamen Lebens? Wieviel Zeit zu leben bleibt mir und uns eigentlich noch? Wie wollen wir diese Zeit nutzen und welche Kraft trägt uns?

Durch die Zeiten des Umbruchs und die damit verbundenen Fragen wird sich also der Mensch seiner begrenzten Zeit, seiner irdischen Endlichkeit, aber auch seiner Bestimmung auf Gott hin bewußt. Ehepartner haben an diesem Punkt die große Chance, einander zu helfen, sich gegenseitig zu verstehen und die Veränderungen gemeinsam anzugehen im Bewußtsein der eigenen Schwächen, aber auch des gemeinsamen Haltes in Gott.

3. Gesprächsimpulse

1. Möglichkeit: Hoffnungen und Ängste

1. Welche Erwartungen, Hoffnungen, Sehnsüchte und Träume verbinden wir mit der Zeit, wenn die Kinder aus dem Hause sind?

2. Was sind unsere Fragen, Probleme, Unsicherheiten und Ängste mit Blick auf das „Leben zu zweit"?

2. Möglichkeit: Wochenpläne

Jeder Teilnehmer trägt für sich in einen Wochenplan die Fixpunkte seines bisherigen Wochenablaufes ein. An welchen Punkten sind die Tagesabläufe durch äußere Gegebenheiten vorbestimmt? Welche Zeiten sind/waren durch die Bedürfnisse der Kinder ausgefüllt?

	Montag	Dienstag	Mittwoch	Donnerstag	Freitag	Samstag	Sonntag
8.00 – 12.00							
12.00 – 15.00							
15.00 – 19.00							
19.00 – 23.00							

In einem zweiten Wochenplan sollen dann die (gewünschten) Fixpunkte des täglichen Lebens nach dem Auszug der Kinder eingetragen werden. Welche Aufgaben und Zeiten werden bleiben? Was wird sich (vermutlich) verändern? Wie werden hinzugekommene Freiräume (voraussichtlich) genutzt?

Bevor über Veränderungen und Auffälligkeiten im Plenum gesprochen wird, sollten die Partner Gelegenheit haben, sich gegenseitig über ihre Wochenpläne auszutauschen.

3. Möglichkeit: ABC der Möglichkeiten

Wenn die Kinder aus dem Haus sind, haben die Ehepaare wieder mehr Zeit füreinander. Nun können sie endlich das zu verwirklichen versuchen, wovon sie bisher nur haben träumen können. Überlegen Sie einmal: Was wollten Sie immer schon einmal mit Ihrem Partner oder ganz für sich allein unternehmen? Benennen Sie Ihre Vorstellungen und tragen Sie diese in ein Alphabet ein:

A: ____________

B: ____________

C: ____________

4. Literatur

G. Backes
Das mittlere Lebensalter bei Frauen –
„Weiblicher Ruhestand“ oder Chance für einen Neubeginn

G. Backes / D. Krüger
„Ausgedient!?“
Bielefeld 1983

Eva Jaeggi / Walter Hollstein
Wenn Ehen älter werden
München 1985

Bernhard Liss
Ehe-Inventur
Würzburg 1987

EINER TRAGE DES ANDEREN
LAST

Belastungsproben – „Einer trage des anderen Last“

Es ist eine Besonderheit unserer Zeit, daß sich auch die schlechteste Nachricht in wenigen Minuten über die ganze Erde verbreitet. Über die vielen guten und gelungenen Taten wird oft gar nicht oder nur am Rande berichtet. Was für die „große Welt“ gilt, das trifft im einzelnen auch für die „Kleinen Lebenswelten“, für Ehe und Familie zu. Nur selten erfahren wir etwas von den zufriedenen und glücklichen Ehen und Familien, in denen oft auch die schwierigsten Probleme und die größten Belastungen gemeinsam getragen und ertragen werden. Gemäß dem Wort des hl. Paulus an die Galater – „Einer trage des anderen Last; so werdet ihr das Gesetz Christi erfüllen“ (Gal 6,2) – nehmen viele Eheleute und Familienmitglieder jeden Tag oder für lange Zeiten körperliche und seelische Belastungen auf sich, die sie nur tragen können aus dem Geist der Liebe und Treue.

1. Zum Inhalt des Filmes

Gerlinde und Thomas, 30 und 34 Jahre alt, sind Eltern eines behinderten Kindes.

Der heute dreijährige Michael wurde mit einem sogenannten „offenen Rücken“ geboren, einer schweren Mißbildung, die nur teilweise operativ beseitigt werden konnte. Michael wird sein Leben lang querschnittsgelähmt bleiben.

Ein schwerbehindertes Kind wie Michael zuhause zu haben, bedeutet Einsatz rund um die Uhr, denn der Junge ist anfällig für Verletzungen und eine medizinische Vorrichtung an seinem Kopf kann zu Komplikationen führen und verlangt daher ständig Aufmerksamkeit.

Da Thomas durch seinen Beruf – er durchläuft zur Zeit eine Facharztausbildung am Krankenhaus – zeitlich sehr in Anspruch genommen ist, liegt der größte Teil der Aufgabe, die der kleine Michael darstellt, bei Gerlinde. Ihr Tagesablauf ist vollkommen von den Bedürfnissen des Kindes geprägt: Wohnung, Haushalt,

Arzt- und Therapiebesuche in ständigem Wechsel. Da Michaels kompliziertes Leiden Erfahrung in der Pflege voraussetzt, ist auch eine vorübergehende Entlastung durch Freunde nur schwer möglich. Eine ausgebildete Pflegerin stellt eine zu große finanzielle Belastung dar.

Trotz dieser schwierigen Situation entschloß sich das Ehepaar zu einem zweiten Kind. Eine schwere Entscheidung, nicht zuletzt, weil die Schwangerschaft von der Angst vor einer erneuten Mißbildung begleitet war. Vor einigen Wochen brachte Gerlinde ein gesundes Mädchen zur Welt.

Bei Thomas und Gerlinde hat die außerordentliche Belastung ihres Familienlebens nicht etwa zu einer Krise ihrer Partnerschaft geführt, sondern im Gegenteil zu einer Festigung. Dies hängt vielleicht damit zusammen, daß für sie viele Dinge unmöglich sind, die anderen ganz selbstverständlich erscheinen. Ihre Situation hat eine besondere Gemeinschaft hervorgebracht, in der beide ihre ganz eigene Definition von Glück und erfülltem Leben finden mußten.

2. Was man zum Thema wissen sollte

Vor der Wirklichkeit familiären Lebens in der Bundesrepublik Deutschland darf man weder durch zu romantische noch durch zu ideale Vorstellungen die Augen schließen. Sie zeigt sich in reichen und kinderarmen Familien oder in armen und kinderreichen Familien. Es gibt Familien, in denen alle Familienmitglieder gesund und leistungsfähig sind, während andere Familien mit Geistig-, Seelisch-, Körperlich- und Mehrfach-Behinderten dringend der Unterstützung und Hilfe bedürfen. Da gibt es zärtliche und liebevolle Ehen und Familien, während wiederum in anderen brutale Gewalt die Beziehungen untereinander kennzeichnet.

Viele Ehen und Familien strotzen geradezu vor Glück, Erfolg und Zufriedenheit, doch andere sind zerstritten, zerrüttet, nicht zustandegekommen, geschieden, durch Krankheit belastet oder vom Tod getrennt.

An vielen Beispielen läßt sich aber auch belegen, daß wirtschaftliches Wohlergehen, körperliche und geistige Gesundheit der Ehepartner und Familienmitglieder nicht zugleich auch Glück und Geborgenheit bedeuten. Die ehelichen Beziehungen wie auch die Eltern-Kind-Beziehungen können trotz günstiger äußerer Voraussetzungen im „Innen-Verhältnis" empfindlich gestört sein.

Die häufigsten Gründe für ernstere Meinungsverschiedenheiten zwischen Eheleuten gehen von Nichtigkeiten (38 %) aus. Fragen der Kindererziehung (22 %), Geld-, Anschaffungs- und Wohnungssorgen (14 %), die Eigenheiten des Partners (10 %) und unterschiedliche Auffassungen zu Beruf, Politik oder Religion (8 %) sind weitere Gründe für Meinungsverschiedenheiten in Ehe und Familie.

Belastungen und Schwierigkeiten erwachsen oft genug durch die Geburt eines behinderten Kindes. Nimmt man zu den Körper-, Sinnesorgan-, Sprach-, geistig und seelisch Behinderten auch die große Gruppe der Lernbehinderten und Verhaltensgestörten hinzu, so sind rund 7 % der Kinder eines Jahrgangs betroffen. Hinsichtlich der einzelnen Behindertenarten ergibt sich folgende Aufgliederung: 0,2 % Körperbehinderte, 0,015 % Blinde, 0,1 % Sehbehinderte, 0,05 % Gehörlose, 0,18 % Hörbehinderte, 0,5 % Sprachbehinderte, 0,6 % Geistigbehinderte, 0,3 % sonstige Behinderte, 4,0 % Lernbehinderte, 1,0 % Verhaltensgestörte.

Belastungsproben für Ehe und Familie entstehen beinahe zwangsläufig durch die schwere Krankheit eines Ehepartners, durch den Tod eines Kindes, durch ungewollte Schwangerschaften, durch Armut und wirtschaftliche Notlagen oder durch andere Störungen der zwischenmenschlichen Beziehungen.

- 250.000 Kinder leben nicht bei ihren Eltern, sondern in Heimen, auf Beobachtungsstationen, kinder- und jugendpsychiatrischen Einrichtungen
- 760.000 Menschen, meist kinderreiche Familien, wohnen in Obdachlosenunterkünften
- 390.000 Kinder in der Bundesrepublik Deutschland besuchen Sonderschulen. 17.000 Kinder gehen in Sonderkindergärten.

In derartigen Situationen wird den Beteiligten dann manchmal schlagartig bewußt, daß es keinen Anspruch auf Glück gibt; daß die Ehe kein Paradies oder Zaubergarten ist, sondern so anfällig und unzulänglich ist wie die Ehepartner, die sie eingehen und führen. Schwierigkeiten werden dann zur Belastungsprobe für die Tragfähigkeit der Ehe, für die Liebe und Treue der Eheleute.

Liebe kann Berge versetzen

So sagt eine Redensart, die damit zum Ausdruck bringen will, daß man in Liebe und mit Liebe viele Schwierigkeiten ertragen und aushalten kann. Doch die Beziehungsebene für Liebe, Güte und Zärtlichkeit, für Väterlichkeit und Mütterlichkeit ist heute sehr stark allein auf das familiäre Zusammenleben eingegrenzt. Lange Zeit konnte man den Eindruck gewinnen, es sei in der Welt des Fortschritts, der technischen Vollkommenheit kein Platz für diese menschlichen Werte, sie wurden mehr und mehr auf die Idylle der eigenen vier Wände und den privaten Haushalt abgedrängt.

Doch angesichts technischer Katastrophen und mit Bezug auf die vielen persönlichen „Katastrophen“ (Ehescheidungen) und Enttäuschungen ist es für die Gesellschaft und für jeden einzelnen wichtig, darüber nachzudenken, wie das Miteinander humaner gestaltet werden kann.

Liebe ist eine starke Kraft, die aus christlichem Verständnis ihren Ursprung in Gott hat, die behütet und losläßt, die wagt und schützt, die gibt und fordert, die aufnimmt und abgibt, die Glück vermittelt und traurig macht. Liebe ist aber immer auch Endgültigkeit und Neuanfang. Nicht auf Widerruf und nicht mit Vorbehalt nehme ich in der Liebe den Partner an, sondern endgültig und vorbehaltlos. Man kann die Verantwortung für andere Menschen nicht abschieben, sonst bleibt man selbst immer abhängig. Man kann einen Menschen nicht unter Vorbehalt, nicht unter Bedingungen, nicht mit Wenn und Aber annehmen. Liebe weiß, daß in allem auch Fehlerhaftes und Unvollkommenes ist – und sagt dennoch vorbehaltlos ja. Sie schließt das Scheitern in Schuld mit ein und eröffnet doch durch Vergebung die Möglichkeit zum Neuanfang.

Belastungen durchstehen

Das Glück des Lebens verfliegt oft in Sekunden: Der schwere Arbeits- und Autounfall, der plötzliche Tod eines Kindes oder die Geburt eines kranken oder behinderten Kindes hat schon manche Ehe und Familie in eine Zerreißprobe, in eine physische und psychische Belastungsprobe ganz besonderer Art gebracht.
Hört meine Liebe jetzt auf, da der Ehepartner krank oder querschnittsgelähmt im Bett liegt?
Nehme ich unser Kind nicht an, weil es ganz andere Wege geht, als wir es wünschen?
Mache ich meinem Partner Vorwürfe oder versinke ich in Selbstvorwürfen und Grübeleien nach dem Tod meines Kindes? In derartigen Situationen stellen sich Fragen und Schwierigkeiten ein, die nur gemeinsam oder durch Hinzuziehung Dritter gelöst werden können. Der Dialog der Betroffenen ist gefordert, doch was ist zu tun, wenn ein Partner diesen Dialog verweigert? In diesen schwierigen Fällen kann es angeraten sein, gute Freunde, einen Seelsorger, einen Arzt oder Beratungsstellen der Kirchen und Kommunen einzuschalten und aufzusuchen. Man muß lernen, das Außergewöhnliche dem Normalen zuzuordnen.
Viele Belastungen von Ehe und Familie können nur durchgehalten werden, wenn es in der Partnerschaft gelungen ist, die täglichen Schwankungen der Gefühle allmählich zu stabilisieren, d. h. diese Gefühle müssen sich entwickeln und auf natürliche Weise ändern dürfen, ohne daß ein Partner sofort mit der Aufkündigung der Partnerschaft rechnen muß. Wenn die Ehe der Willkür wechselnder Lebensentschlüsse entzogen bleibt, bietet sie Chancen für Lernprozesse, die für das „Miteinanderumgehen“ in schweren Belastungsproben und Ehekrisen notwendig sein können.

Meinungsverschiedenheiten über die Gestaltung der ehelichen und familiären Lebensverhältnisse, über Schwierigkeiten und Probleme müssen untereinander offen ausgetragen werden. Sie dürfen nicht „um des lieben Friedens willen“ übergangen, verharmlost oder gar verdrängt werden. Partnerschaft in der Ehe gelingt nur, wenn jeder die Motive und Gedanken des anderen kennt und ernstnimmt in der Bereitschaft, eine gemeinsame Entscheidung zu akzeptieren und in Verantwortung mitzutragen.

Hilfen in Belastungsproben

Es gibt keine Patentrezepte, die ausgesucht oder wie im Computer abgerufen werden können, um nach bestimmten Verfahrens- oder Verhaltensmustern Belastungen in Ehe und Familie aushalten zu können. Belastungs- und Krisensituationen in der Ehe sind in erster Linie eine Herausforderung an die Ehepartner selbst. Sie müssen sich diesem Anspruch stellen, denn gefährdet ist ihre „Kleine Lebenswelt", ihre „Innen-Welt", in der sie soviel Gemeinsames, Privates und Intimes gegenüber der anonymen „großen" oder „Außen-Welt" erleben und bewahren. Die Aufarbeitung und Bewältigung von Schwierigkeiten und Problemen in der Ehe wird in sehr unterschiedlicher Weise erfolgen. Der Dialog, das gemeinsame Sprechen und Überdenken der Probleme, die Rückbesinnung auf Gutes, Schönes und Vertrautes der eigenen Lebenswelt oder eine neue Sinnfindung in Religion und Gebet können ein möglicher Schritt zur Krisenbewältigung sein.

In zweiter Linie sind die Belastungen von Ehe und Familie aber auch eine Herausforderung an unsere Gesellschaft, an den Staat. Durch eine aktive Familien- und Sozialpolitik müssen für die Schwachen in unserer Gesellschaft z. B.

- für Familien mit kranken, behinderten und pflegebedürftigen Personen,
- für kinderreiche und arme Familien
- für alleinerziehende Mütter und Väter

neue Möglichkeiten erschlossen werden, die das Leben auch unter schwierigen Bedingungen human und lebenswert machen.

Die auch heute schon möglichen Hilfen können in den Beratungsstellen der kommunalen, kirchlichen und auch freien Träger erfragt werden. In diesen Beratungsstellen stehen geschulte und erfahrene Berater und Beraterinnen zur Verfügung, die mithelfen und Wege aufzeigen, Krisen und Belastungen in Ehe und Familie zu „meistern".

Eine gute Unterstützung für Ehen und Familien in schwierigen Situationen können auch Nachbarschaftshilfen, die aktive Teilnahme an Elterninitiativen, Familiengruppen und Familienkreisen im kommunalen und kirchlichen Bereich sein. Das Engagement in diesen Kreisen fördert nachbarschaftliche Bindungen und hilft mit, jede Art von Familienegoismus zu überwinden.

Hinter diesen Überlegungen steht die Einsicht, daß unser Leben nur sinnvoll ist, wenn wir für jemanden und für etwas leben. Aus aktivem Tun (Arbeit) und zwischenmenschlichen Beziehungen erwächst praktischer Lebenssinn. Fehlt dieser, gerät der Mensch – auch in Ehe und Familie – in eine Sinnkrise, die durch „theoretischen Sinn" allein nicht überwunden werden kann.

Beispielhaft kann in diesem Zusammenhang auf jene Mütter und Väter verwiesen werden, die tagtäglich für ihr krankes oder behindertes Kind alle Kräfte aufwenden, um ihm ein Leben in der gewohnten Umgebung der Familie zu ermöglichen.

Die oft notwendige Pflege eines kranken oder alten Elternteils in der Familie ist in vielen Fällen mit großen physischen und psychischen Belastungen für die Familie selbst verbunden. Diese Belastungen können auf Dauer nur getragen werden, wenn den Betroffenen bewußt ist, daß z. B. Notsituationen, Krankheiten, Schwierigkeiten des Alterns und auch der Tod eines Familienmitgliedes zum Leben selbst gehören.

3. Gesprächsimpulse

Für Erwachsene / Jugendliche

1. Möglichkeit

Sammeln von Argumenten, die für oder gegen die nachfolgenden Aussagen sprechen. Aufteilung in Pro und Contra.

– „Liebe lebt von der Offenheit, Aufrichtigkeit, von der Treue und Zuverlässigkeit der Partner".

– „Einer trage des anderen Last“ (Textstelle aus dem Brief des hl. Apostel Paulus an die Galater 6,2) und „Ich nehme Dich an in guten und in schlechten Tagen“ (aus dem Eheversprechen im kirchlichen Trauritus).
– „Man kann einen gesunden Menschen nicht an einen kranken oder behinderten Partner binden, das ist unmenschlich“.
– „Treue ist unteilbar“.

Die Teilnehmer diskutieren die unterschiedlichen Aussagen und bringen ihre persönlichen Meinungen zum Thema ein.

2. Möglichkeit

Arbeitsmaterial: Modell zur Krisenverarbeitung als Lernprozeß

8. Solidarität Wir handeln...! **7. Aktivität** Ich tue das...! **6. Annahme** Ich erkenne jetzt erst...!	**Ziel-Stadium III** aktional, selbstgesteuerte Dimension
5. Depression Wozu... alles ist sinnlos...? **4. Verhandlung** Wenn... dann muß aber...?	↑ **Durchgangs-Stadium II** emotional, ungesteuerte Dimension
3. Aggression Warum gerade ich...? **2. Gewißheit** Ja, aber das kann doch nicht sein...? **1. Ungewißheit** Was ist eigentlich los...?	↑ **Eingangs-Stadium I** kognitiv, fremdgesteuerte Dimension

nach: Erika Schuchardt, Jede Krise ist ein neuer Anfang, 3. Auflage, Düsseldorf 1987

Zu den Beispielen des Films werden Gesprächsgruppen gebildet. Jede Gruppe hat dann folgende Aufgaben:

1. Ordnen Sie die Aussagen und Szenen des Filmbeispiels den einzelnen Stadien der Krisenverarbeitung zu.

2. Versuchen Sie herauszufinden, ob bei der Krisenverarbeitung einzelne Stufen der Spirale ausgelassen oder übersprungen werden können.
   Begründen Sie Ihre Auffassung!

4. Literatur

Renate Köcher
Unterschätzte Funktionen der Familie
in: Aus Politik und Zeitgeschichte, Beilage zur Wochenzeitung „Das Parlament", B 13/88

Peter Neysters
Ich meine dich ganz
Freiburg 1984

Erika Schuchardt
Jede Krise ist ein neuer Anfang
3. Auflage, Düsseldorf 1987

Max Wingen (Hrsg.)
Familie im Wandel – Situation, Bewertung, Schlußfolgerungen
Bad Honnef 1989

hennes

Wenn Kinder abhauen

1. Zum Inhalt des Films

Vier Eltern erzählen von dem Leidensweg, den sie durchgemacht haben seitdem ihnen klar wurde, daß ihr Kind Drogen nimmt. Mütter und Väter, die nie daran dachten, daß ihre Kinder Rauschmittel nehmen würden. Am Anfang haben sie sogar das Problem verdrängt, ein drogenabhängiges Familienmitglied zu haben, weil sie es nicht glauben wollten, daß in ihrer „normalen" Familie ein Süchtiger lebt.

Erst wenn die Heranwachsenden straffällig geworden sind, den Kreislauf von Beschaffungskriminalität, Knast, Entzug und Rückfall zum Teil mehrfach durchlaufen haben, beginnen die Eltern, sich dem „drop-out" ihrer Kinder zu stellen.

Sie lernen mit der Sucht und den Süchtigen umzugehen. In einer Selbsthilfegruppe wird ihnen bewußt, daß es auch andere Eltern gibt, die genauso verzweifelt sind wie sie. Sie erkennen, daß die Familie als natürlich gewachsene Gruppe eine Chance haben muß, dem Süchtigen zu helfen – neben allen institutionalisierten Ersatzgruppen von Therapie- und Resozialisierungseinrichtungen.

Im Elternkreis drogenabhängiger Jugendlicher fühlen sie sich nicht mehr isoliert und können sich teilweise von den großen Schuld- und Schamgefühlen befreien und neuen Mut schöpfen, um den „drop-out" ihres Kindes mit familiärer Liebe – aber auch mit angebrachter Distanz – aufzufangen.

Der Film dokumentiert die zum Schutze ihrer Familien anonymen Aussagen der Eltern Drogenabhängiger. Gleichzeitig werden Parallelen aufgezeigt, die sich durch eine zeitbezogene Auslegung des Gleichnisses vom verlorenen Sohn (Lk 15, 11-32) ergeben: Die Hoffnung und die Liebe an einen schon verloren Geglaubten sollten nie aufgegeben werden.

2. Was man zum Thema wissen sollte

„Ich will mein Leben leben, nicht das meiner Eltern!“ Solche oder ähnliche Aussagen von Heranwachsenden gehören zum alltäglichen Ablösungsprozeß von Eltern und Kindern. Das Lebensgefühl der Jugendlichen und ihre Vorstellungen vom eigenen, selbständigen Leben stimmen nicht mehr mit den Prämissen der Eltern überein. Als einziger Ausweg aus dieser Situation bietet sich den Jugendlichen oft scheinbar nur der Auszug aus der Familie an.

Solche Probleme sind nicht neu; das Gleichnis vom verlorenen Sohn im Lukasevangelium (Lk 15,11-32) weist, neben anderen wichtigen Aspekten, auch auf diesen Problembereich hin. Schon seit vielen Generationen gehören zum Heranwachsen das Streben nach Eigenständigkeit und der Wunsch nach einem selbstgestalteten Leben hinzu.

Für die meisten Eltern ist dieser Prozeß eine schmerzliche Erfahrung und auch die Initiatoren, die Heranwachsenden selber, stoßen auf viele Schwierigkeiten, die vorher nicht einkalkuliert wurden. Dennoch gelingt es beiden Seiten fast immer, mit der neuen Lebenssituation fertig zu werden. Was aber passiert bei einem möglichen Scheitern? Können alle Eltern dann auch so reagieren wie der Vater im Gleichnis vom verlorenen Sohn? Sind die Gescheiterten überhaupt bereit, zu ihren Eltern zurückzukehren? Ist die eigene Familie immer auch das ideale Auffangbecken oder sind nicht häufig die Gründe des Scheiterns in den Familien grundgelegt? Drei unterschiedliche Beispiele sollen die Bandbreite dieser Fragen verdeutlichen.

Sonja B.

„Jeden Abend gab es Krach zu Hause! Ich wollte mir von meinen Eltern nicht mehr sagen lassen, was ich zu tun habe. Ich glaubte, meine Eltern nicht mehr nötig zu haben.“

Sonja hatte es satt, daß die Eltern ihr ständig ihren Lebensstil vorhielten. So zog sie wenige Wochen nach ihrem achtzehnten Geburtstag zu ihrer Freundin in eine kleine Wohnung.

Ihr Umgang mit den Freundinnen und Freunden, ihre Freizeitgestaltung, ihre Musik und die von ihr bevorzugte Kleidung paßten nicht in das Bild einer jungen Frau, welches sich ihre Eltern ausgemalt hatten. Seit einiger Zeit schon war ihr das Zusammensein mit Bekannten wichtiger als das Zusammenleben in der Familie. In der Gruppe der Gleichaltrigen fühlte sie sich angenommen, verstanden und zu Hause. In der Familie mußte sie gehorchen. Ihre Wünsche, länger ausgehen zu dürfen, mehr Taschengeld zu bekommen und mit Freunden einen gemeinsamen Urlaub zu verbringen, stießen bei ihren Eltern auf Ablehnung. Der Vater ließ sich auf keine Diskussionen über Wünsche und Vorstellungen von Sonja ein.

„Sonja soll erst einmal etwas lernen und leisten, bevor sie Ansprüche erhebt. Zu unserer Zeit gab es das auch nicht. Musik hören, mit Freunden herumhängen und nichts tun. Uns läßt sie mit der Arbeit im Haus allein, will aber immer mehr von uns."

Sonjas Leistungen in der Schule wurden immer schwächer. Nachdem sie von zu Hause ausgezogen war, gab sie mit Ende des 12. Schuljahres die Schule auf, um endlich Geld zu verdienen und freier zu sein. Sie nahm eine Stelle als Aushilfe in einem Kaufhaus an. Den Kontakt zu ihren Eltern brach Sonja ab, da ihre Eltern „sie sowieso nicht verstehen". In ihrer Clique fand sie die Menschen, mit denen sie leben wollte.

Jetzt, eineinhalb Jahre später, sieht Sonja die Sache anders. Die Freundin, mit der sie zusammenlebte, ist aus der kleinen Wohnung ausgezogen. Die Wohnung ist für sie allein aber viel zu teuer. Die Arbeit macht ihr keinen Spaß mehr, unterfordert sie ständig und ist auch noch schlecht bezahlt. Die Clique hat sich im Verlauf des letzten Jahres fast aufgelöst. Einige sind zur Bundeswehr eingezogen worden, andere haben ihre Lehre beendet und sind verzogen, wiederum andere haben ein Studium in einer fremden Stadt aufgenommen.

„Soll ich wieder nach Hause?" Diese Frage keimt immer öfter in den Gedanken von Sonja auf.

Thomas A.

„Ich hoffe, wir sehen uns hier zum letztenmal", sagte der Jugendrichter zu Thomas und war sich doch darüber im klaren, daß dies ein frommer Wunsch bleiben würde. Die Nachforschungen in diesem Fall hatten allzu deutlich auf einen schwierigen Lebensweg hingewiesen. Drei Strafverfahren in den vergangenen 24 Monaten, vier Wochen Jugendarrest, vier Monate Jugendstrafe, und die übrigen Stationen seiner Lebensgeschichte zeigten ein typisches Bild: Scheidung der Eltern, Alkoholismus der Mutter, Heimunterbringung, kurze Neuanfänge bei den Großeltern, Tod der Großmutter und erneute Heimunterbringung. Diese Lebensabschnitte waren zu einer großen Hypothek für den Start in ein „normales Leben" geworden. Die jetzt anstehende Jugendstrafe konnte auch nicht als ideale Hilfe für einen Neubeginn gelten. Und was erwartete Thomas hinterher?

Sabine F.

Schon am Anfang war Sabine ein sensibles Kind gewesen, das Angst vor anderen Kindern hatte und sich immer wieder in das eigene Reich zurückzog. In der Schulzeit verstärkte sich die gezeigte Verhaltensweise, obwohl die Eltern alles unternahmen, um ihrer Tochter Anschluß an andere Kinder zu vermitteln. Während der Pubertät kamen dann noch depressive Phasen dazu, und ein fehlgeschlagener Selbstmordversuch vermittelte düstere Zukunftsaussichten.

Mit siebzehn schien sich eine Wende anzubahnen: Die ratlosen Eltern erlebten, wie Sabine eine Freundin fand und über diese eine Gruppe von Jugendlichen kennenlernte. Ihr Aufenthalt im Elternhaus beschränkte sich allmählich auf die unbedingt notwendigen Essens- und Schlafzeiten. Schließlich galten auch diese Vorgaben nicht mehr: Sabine blieb über Nacht weg, kam mehrere Tage nicht nach Hause und wirkte bei ihren sporadischen Besuchen mal apathisch, mal überdreht.

Die Schreckensnachricht für die Eltern kam an einem Sonntagabend. Polizeibeamte hatten Sabine vollkommen hilflos und handlungsunfähig in der Bahnhofstoilette aufgefunden. Eine geringe Menge Heroin und das Besteck lagen neben ihr...

Ursachen des „Drop-outs" Jugendlicher

Es gibt verschiedene Ursachen, die zu einer zu frühen Ablösung vom Elternhaus – Fachterminus soziales „Drop-out" – und zu abweichendem Verhalten führen können. Im ersten Beispiel ist es der autoritäre Erziehungsstil der Eltern, der keinen Widerspruch zuläßt und Sonja zu wenig Möglichkeiten einer langsamen, vom Elternhaus getragenen Ablösung geben. Im Laufe der Entwicklung benötigen Jugendliche einen immer größeren Raum für eigene Entscheidungen. Jugendliche brauchen das Vertrauen ihrer Eltern und die innere Sicherheit, daß sie mit ihren Entscheidungen nicht alleingelassen sind. Sie brauchen Wegbegleiter, an denen sie sich reiben können. Die Auseinandersetzungen mit den Eltern, aus denen heraus sie Folgerungen für ihr Handeln ableiten können, sind für die Identitätsbildung unerläßlich. Sie wollen keine Eltern, die sich in ihrem Gehabe ihnen selbst anpassen oder ihnen keine Richtung angeben. Laissez-faire (Gewähren-, Treibenlassen) kann der Entwicklung des eigenen Ich und damit einem gelingenden Ablösungsprozeß genau so abträglich sein wie zu autoritäres Verhalten, welches nur auf unbedingtem Gehorsam aufbaut.

Eine weitere Ursache liegt häufig in gestörten oder unvollständigen Familien begründet. Jugendliche aus diesen Familien haben es häufig viel schwerer auf ihrem Weg zur eigenen Identität. Diese Jugendlichen sind, wie das Beispiel von Thomas zeigt, meist mehreren Belastungsproben ausgesetzt. Nach dem Scheitern der Ehe seiner Eltern wechselt für Thomas häufig die Beziehungsperson. Für ihn ist es in seiner Entwicklungszeit sehr schwer, stabile, vertrauensvolle Beziehungen aufzubauen. Jugendliche wie er sind seltener in Gemeinschaften wie Jugendgruppen, Sportvereinen und Freizeitclubs anzutreffen. Sie besitzen häufig ein geringeres Durchhaltevermögen in Schule und Ausbildung.

Zuwendung und Anerkennung erfahren diese Jugendlichen heute leider fast nur in Gruppen Gleichaltriger. Diese haben für den einzelnen Jugendlichen eine Vielfalt positiver Funktionen. Hier bekommt er den Ersatz und Ausgleich für die Entbehrungen in der Familie. Das Gefühl, angenommen zu sein und etwas zu gelten, alle wichtigen emotionalen Bestätigungen, die er in seiner häuslichen Umgebung schmerzlich vermißt, sucht er verzweifelt in diesen Gruppen. In zahlreichen Fällen sind diese Gruppen aber durch abweichendes und auffälliges Verhalten geprägt. Je stärker sich der Jugendliche in diese Gruppen integriert, desto mehr nimmt er ihre eigenen Normen und Verhaltensweisen an. Straftaten werden in der Regel als Abenteuer, als Bewährungsprobe oder als günstige Gelegenheit gesehen, sich in den Besitz von Gegenständen zu bringen, mit denen man bei seinen Bekannten oder in der Schule Anerkennung und Zuwendung „erkaufen" kann.

Nicht unerwähnt bleiben sollte ein wichtiger weiterer Aspekt: Die Gesellschaft der Bundesrepublik Deutschland ist eine Gesellschaft, die auf Leistung aufbaut, die Erfolg und gelingendes Leben am materiellen Wohlstand mißt und dabei die heranwachsenden Menschen oft überfordert. Werbung und Massenmedien wecken Bedürfnisse und Wünsche, die ins Unermeßliche steigen, sich aber auf Dauer nicht erfüllen lassen. Hauptziel und alleiniger Wert des Lebens scheinen Besitz und Reichtum zu sein, andere Werte treten eindeutig dahinter zurück, und das Nichterreichen dieser fragwürdigen Werte wird als Scheitern verurteilt. Eine immer größer werdende Anzahl von jungen Leuten versucht, dieser Welt mit ihren für sie unerreichbaren Ansprüchen durch den Konsum von Alkohol und anderen Drogen zu entfliehen.

„Soll ich wieder nach Hause?"

Diese Frage läßt sich sicherlich nicht für alle Betroffenen gleich beantworten. Sonjas Eltern hatten im letzten Jahr mehrfach versucht, Kontakt zu ihrer Tochter aufzubauen. Sie haben über vieles nachgedacht und Fehler eingesehen. Wenn Sonja doch wieder Kontakt zu ihnen aufnehmen würde, wären sie bereit, ihr zu verzeihen und zu helfen. Sonja sieht auch selber ihre Fehler ein und ist auf die Hilfe ihrer Eltern angewiesen. In der gegenseitigen Auseinandersetzung über das Vorgefallene und im bedingungslosen Verzeihen besteht für Sonja und ihre Eltern die Chance für einen Neubeginn.

Für Thomas stellt sich diese Frage auf ganz andere Weise. Gab es während der Zeit der Jugendstrafe überhaupt Kontakt zu seinen Eltern? Sind Thomas und seine Eltern bereit und in der Lage, sich gemeinsam neu auf den Weg zu machen? Manchmal kann es für die Entwicklung von Jugendlichen in dieser Situation besser sein, wenn sie nicht zu ihren Eltern zurückkehren und stattdessen in einer betreuten Wohngemeinschaft für straffällige Jugendliche versuchen, ein eigenständiges Leben aufzubauen. Die Beratung durch Sozialarbeiter oder Seelsorger, die das Vertrauen der Jugendlichen gewonnen haben, kann in dieser Lebensphase eine große Hilfe sein.

Sabine und Jugendliche in gleicher Situation müssen zunächst einmal bereit sein für eine Therapie. Ihr Leben muß sich grundsätzlich ändern. Sie werden in der Therapie auch über das Verhältnis zu ihren Eltern nachdenken können, Probleme benennen und sich mit ihnen auseinandersetzen lernen. Während dieser Zeit haben die Eltern auch Gelegenheit, sich mit den Lebensumständen und der Sucht ihrer Töchter oder Söhne vertraut zu machen. Sehr hilfreich kann der Kontakt zu einer Gruppe gleichsam betroffener Eltern sein. Nur im Vertrautwerden mit den gegenseitigen Lebensumständen liegt die Chance zu gegenseitigem Verständnis und für einen Neubeginn.

Letztlich bleibt festzustellen, daß eine Rückkehr in die Familie nur gelingen kann, wenn beide Seiten versuchen, einander zu verstehen und die andersartigen Vorstellungen und Ansichten auszutauschen und zu respektieren. Fehler, die jeder Mensch auf seinem Lebensweg macht, müssen eingestanden werden und die Bereitschaft einander zu vergeben muß vorhanden sein. Nur in der vorbehaltlosen Annahme der eigenen Kinder und in dem Versuch, auch in und nach schwierigen Zeiten Wegbegleiter für sie zu sein, liegt die Chance für einen Neuanfang. Dieses zeigt uns in nicht zu übertreffender Aussagekraft auch das Gleichnis vom verlorenen Sohn und barmherzigen Vater (Lukas 15,11-32).

3. Gesprächsimpulse

Eltern / Erwachsene

1. Möglichkeit: Die eigene Familienwirklichkeit offenlegen und besprechen

Fragen können sein:
Welche Umstände prägen das Leben meiner Kinder? Wie gehe ich mit Wünschen und Vorstellungen meiner Kinder um? Was weiß ich überhaupt von meinen Kindern? Was könnte zum Bruch zwischen mir und meinen Kindern führen? Wie verhalte ich mich, wenn Kinder andere Wege gehen? Welche Wege der Verzeihung und des Neuanfangs kann ich gehen?

2. Möglichkeit: Ursachen und Hintergründe

Stichworte können sein:
Familiensituation, Erziehungsverhalten der Eltern, Wohnverhältnisse, Vorbildverhalten der Erwachsenen, Normbewußtsein, Ich-Stärke, Unfähigkeit zum Aufschub der Bedürfnisbefriedigung....

Welche Faktoren erschweren vielen jungen Leuten den Weg in unsere Gesellschaft? In welcher Weise werden junge Menschen verhaltensauffällig? Wie kann die Gesellschaft, aber auch jeder einzelne an einer Verbesserung des sozialen Umfeldes mitwirken? Wo gibt es Möglichkeiten der Beratung von Eltern und Jugendlichen?

Jugendliche und Erwachsene

3. Möglichkeit: Lebensträume

Jeder Mensch macht sich im Laufe des Lebens Gedanken über seinen Lebensweg. Ihn prägen Wünsche und Vorstellungen, wie er sein möchte, wie er leben möchte, was ihm wertvoll ist im Leben, und was er erreichen möchte. Eltern entwickeln aber auch Vorstellungen darüber, wie ihre Kinder sein sollten.

- Bitte schreiben Sie unabhängig voneinander ihre Vorstellungen vom weiteren Lebensweg und der gewünschten Persönlichkeitsentwicklung ihres Kindes (ihrer Kinder) auf.
- Vergleichen Sie innerhalb der Familie ihre „Ergebnisse“ und notieren Sie grundsätzliche Unterschiede.
- Ins Plenum werden dann die Auffälligkeiten eingebracht und anschließend diskutiert.

4. Literatur

K. Allerbeck / W.J. Hoag
Jugend ohne Zukunft?
Einstellungen, Umwelt, Lebensperspektiven
München 1985

M. Furian
Gefährdete Jugend
Zwischen Zweifel, Resignation und Hoffnung
Heidelberg 1980

A. Kreuzer
Jugend – Drogen – Kriminalität
Neuwied, Darmstadt 1987

Ministerium für Arbeit, Gesundheit und Soziales des Landes NW (Hrsg.)
Jugendkriminalität – Wir diskutieren
Düsseldorf 1980

TRENNUNG
Hennes

Einfach geh'n? – Leben nach der Trennung

Der zahlenmäßige stetige Anstieg der Ehescheidungen pro Jahr veranlaßt unbeteiligte Beobachter oft zu der Feststellung: „Die Ehescheidung wird heute viel zu leicht gemacht. Wenn es nicht klappt, wie man es sich erträumt hat, dann trennt man sich wieder, dann geht man einfach auseinander." Andere wiederum vertreten heute die weitverbreitete Meinung, daß ein „rasches Ende mit Schrecken besser sei, als ein Schrecken ohne Ende." Sie sehen in der Ehescheidung einen „normalen Vorgang", der eingeleitet werden muß, wenn das subjektive Glücksempfinden vom Partner enttäuscht ist.

Die Gründe für diese Entwicklung sind vielfältig; leben wir doch in einer Gesellschaft, die Erfolg, persönliches Glück und die Selbstverwirklichung zu den „höchsten" Lebenszielen gemacht hat.

Scheidungsakten belegen, daß bei den meisten Ehescheidungen die Schuld für das Scheitern der Ehe beim Partner gesehen wird. Die persönliche Schuld und das eigene Versagen werden oft gar nicht in den Blick genommen oder nur als subjektive Antwort auf das Fehlverhalten des Partners verstanden. So kommt es im zwischenmenschlichen Miteinander vor der Ehescheidung oft gar nicht zu der Situation, daß beide Partner über ihre Schuld, über Vergebung und Neuanfang nachdenken.

1. Zum Inhalt des Films

Der Film zeigt an drei Beispielen, wo die Gründe für das Scheitern von Ehen zu suchen sind. In der Rückbesinnung auf ihre Ehen wird von den Beteiligten offengelegt, wo die Schwachstellen, die besonderen Bindungen oder die beherrschenden Zwänge während der gemeinsamen Ehejahre deutlich wurden. Allen Beteiligten ist dabei die Erfahrung gemeinsam, daß mit dem Scheidungsurteil oder der Trennung ein Prozeß eingeleitet wurde, den Fachleute auch die „Innere Scheidung" nennen: sich vom Partner lösen, von Gefühlen, Einflüssen, vertrauten Gewohnheiten oder lästigen Abhängigkeiten. Es wird bewußt, daß die gemeinsamen Ehejahre im Denken und Handeln jedes einzelnen Menschen Spuren hinterlassen, die man nicht einfach wegwischen kann.

- Gaby verließ ihren Mann vor 2 1/2 Jahren und ist seit einem Jahr geschieden. Sie ist berufstätig und lebt mit ihrer 17-jährigen Tochter und den 10-jährigen Zwillingen zusammen. Jahrelang hatte sie sich in ihrer Ehe unwohl gefühlt, bis diese nach 17 Jahren endgültig scheiterte. Zu groß wurde die seelische Belastung, so daß sie physisch krank wurde.

  Die Gründe für das „Scheitern“ der Ehe sieht sie auf beiden Seiten. Dabei ist ihr inzwischen bewußt geworden, daß es falsch war, den Haushalt und die Kinder allen anderen Gemeinsamkeiten vorzuziehen. Sie vermutet sogar, daß ihre Ehe besser gelungen wäre, wenn sie selbst mit ihrem Mann über alles hätte sprechen können oder aber, wenn jemand von außen bei der Bewältigung der Probleme geholfen hätte. Verunsichert sucht sie auch nach der Scheidung ihr neues Selbstverständnis.

- Werner ist 31 Jahre alt und seit einem Jahr geschieden. Für ihn brach eine Welt zusammen, als ihn seine Frau mit der 3-jährigen Tochter nach vier Ehejahren verließ. Die Trennung selbst hat er wie ein „Kleines Sterben“ empfunden, das Trauer hervorruft „um alles – was man in Scherben gelegt hat.“ Als Hauptgrund für das Scheitern der Ehe sieht er sein Festhalten am traditionellen Rollenverständnis: Der Mann arbeitet, und die Frau bleibt zu Hause. Selbstkritisch gibt er auch zu, daß er zu jung, unerfahren und zu unvorbereitet für die Ehe- und Familienführung geheiratet habe. In der Aufarbeitung aller Gründe sieht er eine Chance für einen neuen Anfang. Dabei ist ihm bewußt, daß die Kinder die größten Verlierer bei Ehescheidungen sind.

- Gisela ist seit 21 Jahren verheiratet, sie hat drei erwachsene Kinder, eine Tochter und zwei Söhne. Seit einem Jahr lebt sie getrennt von ihrem Mann, bei dem sie nach eigenen Aussagen wenig Einfühlungsvermögen und Verständnisbereitschaft gefunden hat, so daß sich ihre Partnerschaft immer mehr „entleert“ hat. Gisela ist ein Beispiel für immer mehr Frauen, die nach vielen Ehejahren, wenn die Kinder groß sind, neue Wege suchen und gehen. Dabei wird deutlich, daß die neue Selbständigkeit in vielen Bereichen auch ein neues Erlernen von Tätigkeiten und Fertigkeiten voraussetzt. Gisela findet hierzu die Unterstützung in einer Frauengruppe.

2. Was man zum Thema wissen sollte

Der Ehe drohen in unserer Gesellschaft mannigfache Gefahren. Die oft so glücklich begonnene Partnerschaft wächst sich bei über 30 % der Paare aus in eine Dauerkrise, an deren Ende oft die Scheidung steht.

Seit 1981 liegt die Zahl der Ehescheidungen in der Bundesrepublik Deutschland jährlich bei über 110.000. Bei 382.177 Eheschließungen im Jahr 1987 wurden im gleichen Jahr 129.850 Ehen geschieden. Statistisch kann man sogar genau sagen, wo die sogenannten „Scheidungsgipfel" liegen. 40 % aller Ehescheidungen werden in den ersten 5 Ehejahren und 29 % nach ca. 20 Ehejahren vollzogen. Schon im ersten Ehejahr gehen 5 % der Ehepartner durch Scheidung auseinander. Bekannt ist auch, daß durch die Scheidungen etwa 95-100.000 Kinder jährlich zu Scheidungswaisen werden. Im Gegensatz zu früher werden von drei Scheidungen zwei durch die Frau eingereicht. In der Bundesrepublik Deutschland sind mehr als 1 Million Kinder durch die Trennung oder Scheidung ihrer Eltern betroffen. 782.000 von ihnen wachsen bei der alleinerziehenden Mutter und 145.000 beim alleinerziehenden Vater auf.

Bei jeder 5. bis 6. standesamtlichen Eheschließung ist ein geschiedener Partner beteiligt, und je jünger geschiedene Eheleute sind, um so mehr und häufiger heiraten sie wieder.

Die Analyse von Berufs-, Einkommens- und Wohnungssituation zeigt, daß ein Teil der Familien durch die Ehescheidung oftmals einen enormen sozialen Abstieg verkraften müssen: Umzug in eine kleinere Wohnung, Wechsel des sozialen Umfeldes und Verlust von Kontakten bis hin zur Isolation und Diskriminierung. 20 % der aus der Scheidung resultierenden Ein-Eltern-Familien sind auf die Sozialhilfe angewiesen und leben am Rande der Armutsgrenze.

Nach einer Sekundäranalyse der Einkommens- und Verbraucherstichprobe, bei der das Einkommen einer „Standardfamilie“ (Vater, Mutter, 2 Kinder) gleich 100 % gesetzt wird, stehen
- einem Vater, geschieden mit Kind/ern 70,5 %
- einer Mutter, geschieden mit Kind/ern 54,3 %

des Einkommens zur Verfügung.

Der Gesetzgeber geht davon aus, daß geschiedene Alleinerziehende zur Sicherung ihres Lebensunterhaltes berufstätig werden, sofern einer Berufstätigkeit aus der Sicht des Erziehungs- und Sorgerechts für das Kind (der Kinder) keine Gründe entgegenstehen.

„Ich kann Dich nicht mehr lieben ...“

So oder ähnlich lautet die Feststellung, wenn Ehepartner ihre Liebe aufkündigen. Dann vergessen sie oder setzen sich darüber hinweg, daß die standesamtlich und kirchlich geschlossene Ehe mit dem Ziel der lebenslangen Dauer und ewigen Bindung geschlossen wurde. Zerplatzt sind viele Hoffnungen und geheime Wünsche, und das Scheitern der Ehe nimmt seinen Lauf.

So war es bei Gaby, Werner und auch bei Gisela, den Beteiligten aus dem Film. Nach unterschiedlich langen Ehejahren kam die Trennung vom jeweiligen Ehepartner.

Oft genug stehen jedoch vor der Trennung die Untreue und der Ehebruch. Man lernt einen anderen Partner kennen, läßt sich auf ihn ein und verliert dadurch beinahe zwangsläufig die innere Bindung zum eigenen Ehepartner . Gesteht man sich dann eines Tages lakonisch ein: „Ich habe eine andere Frau“ oder „Ich kann Dich nicht mehr lieben“, dann tritt der Zustand der Sprachlosigkeit zwischen den Partnern ein. Man spricht nicht mehr miteinander, streitet über alles und geht sich aus dem Weg.

Dieses Verhalten ist nicht neu. Zu allen Zeiten hat es Menschen gegeben, die ihrem Eheversprechen nicht treu geblieben sind. Umgekehrt hat es immer auch Menschen gegeben, die ihr Zusammenleben in Ehe und Familie, trotz aller Schwierigkeiten und Belastungen, im gegenseitigen Vertrauen und mit wachsender Liebe gemeistert haben. Was heute so erstaunt, ist der hohe Prozentsatz an Ehescheidungen. Es drängen sich eine Reihe von Fragen auf:

- Warum ist gerade heute die Zahl der Ehescheidungen so hoch?
- Sind Ehe und Familie keine erstrebenswerten Ziele (Leitbilder) mehr für junge Menschen?
- Welche Voraussetzungen haben sich im Gegensatz zu früher geändert und bilden heute das Fundament für Ehe und Familie?
- Gibt es objektive wie subjektive Faktoren, die für das Gelingen bzw. Nichtgelingen von Ehe und Familie ausschlaggebend sein können?

Veränderte Voraussetzungen

In Bezug auf die Partnerwahl spielen heute ganz besonders emotionale Kriterien eine Rolle. Man möchte einen Partner, „in den man sich mit Haut und Haaren verkriechen kann." Alle Liebe, alles Vertrauen möchte man bekommen und geben, vollkommen unabhängig von allen wirtschaftlichen oder sozialen Überlegungen und Faktoren.

Diese fast rein emotional begründete Partnerwahl – bis hin zu romantischen Vorstellungen – wurde durch Entwicklungen in der Gesellschaft begünstigt, die Ehe und Familie eine Vielzahl von Funktionen abgenommen haben.

Ehe und Familie sind heute für die wirtschaftliche und soziale Absicherung des einzelnen Partners viel weniger wichtig als früher. Ihre Schutz- und Pflegefunktionen wurden z. T. von gesellschaftlichen Insitutionen, wie Schulen, Krankenhäusern, Pflegeheimen, Wohlfahrtsverbänden, Kindergärten und -heimen usw. übernommen.

Aus diesem Grunde kann es nicht verwundern, daß Ehe und Familie in ihrem Stellenwert zunehmend von der Gesellschaft gemessen wird an ihren Funktionen, die ihr letztlich noch verblieben sind. Vor allem Politiker fragen nach den gesellschaftlichen

Funktionen von Ehe und Familie, nach dem, was sie für die Gesellschaft leisten. Zumal dann, wenn die Forderung nach einer stärkeren finanziellen Unterstützung der Familie laut wird.

Während in der Großfamilie der Vergangenheit die Existenzsicherung der Familienmitglieder, die Erziehung der Kinder, die Pflege der kranken und alten Familienmitglieder, wie auch die materielle Absicherung der Großeltern und Eltern im Alter eine Selbstverständlichkeit waren, sind diese Funktionen – wie schon ausgeführt – heute weitgehend an den Staat und gesellschaftliche Institutionen abgegeben worden. Diese Entwicklung hat es mit sich gebracht, daß in der modernen Gesellschaft eine Vielfalt von Gütern und Dienstleistungen individuell erwerbbar sind und auch zur Verfügung stehen, die für das Beziehungsverhalten der einzelnen Personen von großer Bedeutung sind. Unsere Gesellschaft hat Strukturen entwickelt, die Gruppen und Gemeinschaften für die persönliche Lebensführung und -gestaltung entbehrlich erscheinen lassen.

Selbst im sexuellen Bereich haben sich – bei einem Verlust von Werten und Normen – Bewußtseinsveränderungen vollzogen, die in sexuellen Beziehungen kein „Privileg" mehr für eheliche Verbindungen sehen. Daraus folgt, daß es heute oft als fortschrittlich angesehen wird, zwischen sozialer und sexueller Treue zu unterscheiden. Das bleibt nicht ohne Auswirkungen auf die Ehe, auf die Familie, auf die Liebe und Treue zum Partner.

Von Liebe und Treue

Liebe ist die starke Zuneigung und das Hingezogensein zum anderen Partner. Sie ist die Hinwendung auf das Du der anderen Person. Dabei liegt es im Wesen der Liebe, daß sie über sich hinausweist und die Bereitschaft weckt, für den anderen einzustehen und dazusein. Ich nehme den Partner an, so wie er ist.

In diesem Sinne widerstehen Liebe und Partnerschaft der Versuchung, den Partner ganz an sich binden, ihn wie in „Ketten" festhalten zu wollen. Sie läßt dem Partner „Raum" und „Gelegenheit" zur Selbstverwirklichung und zur Entfaltung individueller Begabungen und Fähigkeiten.

Treue bedeutet in diesem Zusammenhang, daß die Bindung an den Partner dauerhaft und verläßlich sein soll: Ich bin für Dich da, in guten und in schlechten Tagen. Ich stehe für Dich ein, auch wenn alle anderen Dich verlassen.

Die verläßliche und dauerhafte Beziehung zwischen Mann und Frau (Ehe) bezeichnet man auch als eine „Urhoffnung" menschlichen Lebens. Über 90 Prozent aller Frauen und Männer, das wird durch Umfrage belegt, haben den Wunsch, in einer geglückten Ehe zu leben. Sie haben die Hoffnung, daß das „Band der Liebe" sie auf immer verbinde. In der katholischen und auch evangelischen Kirche wird dieses durch den Glauben an den sakramentalen Charakter der Ehe herausgestellt: Die Brautleute versprechen vor Gott, daß sie sich bis zum Tod eines Partners in Liebe und Treue verbunden bleiben wollen.

Sehr schmerzlich ist deshalb die Erfahrung, wenn das „Liebesband" zerreißt; wenn trotz des Treueversprechens vor dem Priester oder Standesbeamten die Ehe „zerbricht". Ein Sprichwort sagt: „Wer Treu' und Glauben verloren hat, hat nichts mehr zu verlieren."

Gründe für Ehescheidungen

Für das Scheitern von Ehen gibt es viele Begründungen. Objektiv lassen sich z. B. folgende Faktoren anführen:

- Die Ehepartner gehen mit zu viel idealen Leitbildern und Vorstellungen in die Ehe, die sie einfach überfordern und zwangsläufig enttäuschen müssen.

- Überzogene, meist oberflächliche Glückserwartungen an das „Harmoniemodell" Ehe und das „Harmoniemodell" Familie bei sehr langer Ehedauer und verändertem Familienzyklus.

- Das Fehlen sozialer „Stützen“ und „Absicherungen“ von Ehe und Familie, wie im Familienverband, in Nachbarschaft und Gesellschaft.
- Die vollkommene Individualisierung und Privatisierung der Ehe. Die Ehe wird als persönliche Beziehung von Mann und Frau geschätzt, doch jede Normierung durch Staat und Gesellschaft wird als Eingriff in die Intimsphäre abgelehnt.
- Das veränderte Rollenverständnis der Frau in unserer Gesellschaft und dazu der Wunsch beider Partner, wirtschaftlich unabhängig zu sein.
- Geringere Belastbarkeit der heutigen Menschen in Krisen- und Konfliktsituationen.
- Abnehmende Bindungen an Glaube und Kirche und ablehnende Haltung gegenüber kirchlichen Lehrmeinungen und Verlautbarungen im Bereich von Sexualität, Ehe und Familie.
- Die Ehescheidung ist kaum noch gesellschaftlichen Sanktionen unterworfen und fast schon eine „gesellschaftliche Selbstverständlichkeit“.

Als subjektive Faktoren lassen sich z. B. noch hinzufügen:

- Falsche „Sicherheitsvorstellungen“ von Ehe und fehlendes Bemühen umeinander.
- Mangelnde Ablösung vom Elternhaus.
- Entfremdung der Partner sowie der Eltern zu Kindern und umgekehrt.
- Fluchtbewegung aus Ehe und Familie durch ein überzogenes berufliches, politisches, soziales oder kirchliches Engagement.
- Psychische Ehe- und Familienunfähigkeit.
- Abhängigkeit von Alkohol oder Drogen.

Scheidung, was dann?

Nachgewiesenermaßen zählen Scheidungen zu den streßreichsten, sowie die körperliche und seelische Gesundheit bedrohenden Lebensveränderungen. Wer einmal glücklich verheiratet war, wer mit dem Ehepartner gute Tage erlebt hat, der läßt sich nicht leichtfertig, von heute auf morgen, einfach scheiden. Die Lage der Geschiedenen ist meistens – vor allem in der ersten Zeit – im persönlichen Bereich – äußerst problematisch und krisenanfällig, aber auch im Bezug zu Verwandten und Freunden, zu Gesellschaft und Kirche. Um das Leben nach der Scheidung wieder in den „Griff" zu bekommen, um die veränderte Situation als Chance für einen Neubeginn zu nutzen, ist es sehr wichtig, die eigene Schuld nicht zu verdrängen, sondern mutig und entschlossen aufzuarbeiten. Dies erfordert redliche Ehrlichkeit sich selbst gegenüber und ein hohes Maß an Objektivität. Dazu sind Menschen in solchen Krisen oft genug weder in der Lage noch bereit, so daß es ratsam sein kann, andere Gesprächspartner (Eheberater) einzuschalten.

Eine Trennung geht immer mit Enttäuschungen einher, aber der Weg zur neuen Wirklichkeit führt nur über die Ent-Täuschung. Die Geschiedenen müssen lernen, daß Abschiednehmen immer auch Schmerz und Trauer bedeutet, mit denen man eine Zeitlang leben muß.

Die Ehe ist um des Menschen willen gemacht, nicht der Mensch um der Ehe willen: Darum ist es notwendig, das eigene Schicksal in die Hand zu nehmen und nicht die Verantwortung abzuschieben. Dieses gilt auch für gläubige Menschen, die in der Eheschließung eine Belastung in der Beziehung zu Gott erkennen. Gott begnadigt uns angesichts unserer Fehler, aber nimmt uns die Verantwortung nicht ab.

Der „böse Dritte", der oft den Scheidungsprozeß forciert hat, ist nur ein Symptom, niemals die Ursache. Beide Partner haben ihn erst ermöglicht. Oft gerade auch der, der dies gar nicht beabsichtigte. In diesem Zusammenhang müssen die betroffenen Partner lernen, Vergangenheit als Teil ihrer Lebensgeschichte anzunehmen und – wenn auch schweren Herzens – zu bejahen.

Nur dann ist Aussöhnung mit diesem Kapitel ihrer Lebensbiographie möglich.

Für die Kinder ist es wichtig, daß nach Beruhigung des Gefühlschaos und am Ende der Loyalitätskonflikte – unabhängig vom Sorgerecht – ein Weg gefunden wird, der auch weiterhin eine gemeinsame elterliche Erziehungsverantwortung zum Wohle des Kindes ermöglicht. „Trotz Scheidung gemeinsam erziehen" lautet die schwierige Aufgabe. Kernfrage dabei ist, ob es dem Kind erlaubt wird, beide Eltern zu lieben und zu beiden Kontakt zu halten.

3. Gesprächsimpulse

Bei Erwachsenen / Jugendlichen

1. Möglichkeit

- Sammeln von Argumenten, die für oder gegen eine Ehescheidung sprechen.
  Aufteilung in Pro und Contra.
- Was besagen in diesem Zusammenhang die Aussagen:
  - „In jeder Ehe ist die Trennung grundsätzlich angelegt."
  - „Der ‚böse Dritte' ist nur ein Symptom, niemals die Ursache."

  Die Teilnemer diskutieren die verschiedenen Positionen und bringen ihre persönlichen Auffassungen zum Thema ein.

2. Möglichkeit

Arbeitsmaterial: Karten mit Aphorismen.
Je nach Interessenlage und Zusammensetzung der Teilnehmer werden Gesprächsgruppen (etwa sechs Teilnehmer) gebildet. Jede Gruppe erhält mehrere Karten mit Aphorismen. Die Gruppenmitglieder breiten die Karten auf dem Tisch aus, jedes Gruppenmitglied wählt sich eine Karte aus, deren Aussage besonders gefällt. Danach begründen sie, warum sie diesen Spruch ausgewählt haben, und was sie mit Bezug zum Thema Ehescheidung bei der Auswahl gedacht haben.

Beispiele für Aphorismen

- Die Ehe muß immerfort ein Ungeheuer bekämpfen, das alles verschlingt: Die Gewohnheit (H. de Balzac).
- Wenn Mann und Frau auch auf dem gleichen Kissen schlafen, so haben sie doch unterschiedliche Träume (aus der Mongolei).
- Die Liebe stirbt niemals an Hunger, wohl aber an Übersättigung (N. de Lenclos).
- Du bist zeitlebens für das verantwortlich, was Du Dir vertraut gemacht hast (A. de Saint-Exupèry).
- Im Ehestand muß man sich manchmal streiten, denn so erfährt man was voneinander (J. W. von Goethe).
- Die Herzen, die sich am schnellsten geben, nehmen sich am schnellsten zurück (aus China).
- Die Liebe ist ein Glas, das zerbricht, wenn man es unsicher oder zu fest anfaßt (aus Rußland).
- Einen Menschen lieben, heißt einwilligen, mit ihm alt zu werden (A. Camus).

4. Literatur

Gemeinsame Synode der Bistümer
in der Bundesrepublik Deutschland
Beschluß: Ehe und Familie, S. 447 ff.
Freiburg, Basel, Wien 1976

Papst Johannes Paul II, Apostolisches Schreiben,
Familiaris Consortio, über die Aufgaben der christlichen Familie in der Welt von heute
Bonn 1981

D. Stollberg
Nach der Trennung
München 1980

Josef Venetz
Ehe ist nicht – Ehe wird
Luzern/Stuttgart 1988

Paul M. Zulehner
Scheidung – was dann ...?
Düsseldorf 1982

Hennes

Alleinerziehend, wiederverheiratet...

„In unserer Gesellschaft wächst die Zahl der Mütter, in geringerem Maß auch der Väter, die allein mit ihrem Kind oder ihren Kindern leben müssen. Die Verantwortung für Erziehung und Unterhalt der Kinder fordern in der Regel von ihnen ein doppeltes Maß an Arbeitszeit und Kraft, ohne daß sie von der Teilnahme, Liebe und Mitverantwortung eines Ehepartners getragen werden. Ihnen sollte der Staat, wie auch gesellschaftliche und kirchliche Gruppen, sachgerechte Hilfe geben, die ihr eigenes Leben bereichert und den Kindern die für ihre gesunde Entwicklung notwendige Sicherheit gewährt. Kirche, Staat und Gesellschaft müssen je für ihren Bereich vorhandene Vorurteile sowie ungerechte und unsoziale Bedingungen, unter denen die „Ein-Eltern-Familien“ immer noch leiden, abbauen.“ (S.25, 9.)

Die Zahl der alleinerziehenden Mütter und Väter, die aus verschiedenen Gründen (Tod, Trennung, Scheidung, Unverheiratet-Sein) ihre Kinder allein erziehen, ist in den letzten Jahren ständig gestiegen. Und dennoch – viele Menschen wissen wenig von den Lebensumständen, den seelischen und finanziellen Belastungen, die zumindest am Anfang für die Betroffenen entstehen.

1. Zum Inhalt des Films

Der Film schildert anhand von Beispielen die Lebenssituationen einer alleinerziehenden Mutter und einer Zweit- bzw. Stieffamilie. Die besonderen Belastungen dieser beiden Lebensformen werden dargestellt:

Marion Frank ist seit zwei Jahren geschieden und hat einen vierjährigen Sohn. Durch ihre Scheidung war sie gezwungen, sich der Situation des Alleinlebens und Alleinerziehens zu stellen. Sie war darauf angewiesen, den Unterhalt für sich und ihren Sohn zu sichern. Als Optikerin hatte sie das Glück, eine Vollzeitstelle in ihrem erlernten Beruf zu finden. Die volle Berufstätigkeit jedoch setzt auch Grenzen. So wird ihr Sohn Markus tagsüber in einem Kinderhort betreut. Oft kommt Marion müde von der Arbeit und macht sich deshalb Gedanken, ob sie überhaupt genügend Zeit für ihren Sohn aufbringen kann. Als erwerbstätige Alleinerziehende mußte sie viele Probleme bewältigen: den Wiedereintritt ins Berufsleben, die Organisation des Haushalts, die Versorgung des Kindes und die alleinige Verantwortung für seine Erziehung.

Durch die Heirat von Manuela und Norbert Lange ist eine Stieffamilie entstanden. Manuela hat ihre Söhne Stefan (10) und Thorsten (12), Norbert seinen Sohn Harald (14) mit in diese zweite Ehe gebracht. Manuela und Norbert haben ein gemeinsames Kind, den eineinhalbjährigen Florian. Ein besonderes Problem dieser Familie stellt ihre finanzielle Belastung dar. Norbert muß als Alleinverdiener sechs Personen ernähren. Das ist schon ein großer Unterschied zur früheren Situation. Daneben stellt sich für die Ehepartner die große Aufgabe, nicht nur gute Eltern, sondern auch gute Stiefeltern zu sein. Durch die Heirat und die Geburt von Florian ist für alle Beteiligten eine völlig neue Familienkonstellation entstanden: So hatte Harald vorher keine Geschwister, alle drei Kinder haben plötzlich einen jüngeren Bruder bekommen und jeder muß für sich den Platz in der Familie neu bestimmen. Aber das gemeinsame Leben bringt auch Freude. Die Familie nutzt die gemeinsame Zeit zu vielfältigen Aktivitäten. Norbert führt außerdem Beratungsgespräche für Alleinerziehende durch. Er möchte Hilfen geben für eine Situation, die er selbst durchlebt hat.

2. Was man zum Thema wissen sollte

Zur Zeit leben 1,76 Millionen alleinerziehende Mütter und Väter in der Bundesrepublik, das heißt in fast jeder sechsten Familie lebt entweder der Vater oder die Mutter allein mit den Kindern zusammen.
Davon sind 1,3 Millionen Kinder unter 18 betroffen. 85 % aller Alleinerziehenden sind Frauen. Den größten Anteil daran stellen die geschiedenen/getrennt lebenden Mütter mit 52,9 %. 15,9 % davon sind verwitwet. 16,6 % sind unverheiratete Mütter. (1.)

Diese nüchternen Zahlen drücken natürlich nicht die Belastungssituationen aus, in denen sich die betroffenen Familien befinden. Die einzelnen Lebensgeschichten und auch Lebenssituationen von alleinerziehenden Frauen und Männern sind zwar unterschiedlich, aber dennoch stellen sich angesichts des Alleinerziehens viele gleichartige Probleme. Dies beginnt beim Prozeß der Trennung und Trauer, den zeitlichen und kräftemäßigen Überforderungen, wirtschaftlichen und sozialen Problemen und reicht bis zu den Phasen des Umbruchs und der Neuorientierung.

Wirtschaftliche Aspekte

Besonders alleinerziehende Frauen sehen sich mit einer Vielzahl von Problemen konfrontiert.

Die finanzielle Situation dieser Frauen ist meistens äußerst bedrängend, häufig wird Sozialhilfe zur Haupteinnahmequelle. Unterhaltsleistungen gehen oft unregelmäßig oder gar nicht ein, und die Frauen können trotz einer Rechtswirksamkeit ihre Ansprüche nicht durchsetzen (z. B. wenn der Partner seine Arbeit aufgibt oder ins Ausland zieht).

Aus dieser schwierigen wirtschaftlichen Situation ergibt sich, daß viele alleinerziehende Frauen einen Wohnungswechsel in eine kleinere Wohnung vornehmen müssen. Dies entsteht auch daraus, daß bis heute Frauen nur selten ausdrücklich als Vertragspartner im Mietvertrag aufgenommen sind. Für die Kinder und die Mutter bedeutet dies oft eine Entwurzelung aus der vertrauten Umgebung. Dieser Wechsel des sozialen Umfeldes kann zum Beispiel mit sich bringen, daß die Kinder einen anderen Kindergarten oder eine andere Schule besuchen müssen. Hinzu kommt, daß alleinlebende Frauen mit Kindern häufig auf Vorurteile stoßen und dadurch die Wohnungssuche erschwert wird. „Glauben Sie, wir wollen in unserem Haus einen Taubenschlag haben, in dem ständig fremde Männer ein- und ausgehen?!" Dies ist nur eine von vielen boshaften Äußerungen, denen alleinerziehende Frauen bei der Wohnungssuche begegnet sind.

Vereinbarkeit von Familie und Beruf

Aufgrund ihrer wirtschaftlichen Situation haben viele alleinerziehende Mütter keine andere Wahl, als sich eine Erwerbsarbeit zu suchen. 57 % von ihnen sind beruftstätig. Trotz dieser Erwerbstätigkeit verdienen viele Alleinerziehende nicht mehr oder nur wenig mehr als das, was ihnen als Sozialhilfeleistungen zusteht. Nur die Hälfte der befragten berufstätigen Mütter arbeitet im erlernten Beruf. Dies scheint auch eine Erklärung dafür zu sein, warum die Bezahlung in der Regel niedrig liegt. (S. 26, 7.)

Besonders betroffen von der veränderten Situation nach einer Scheidung sind Frauen, die während der Ehe ihren Beruf aufgegeben haben. Sie bekommen bei der jetzigen Arbeitsmarktlage nur schwer einen Arbeitsplatz, doch fast nie im erlernten Beruf. Noch brisanter wird dies, weil die Frauen aus rechtlichen Gründen angehalten werden können, sich wenigstens halbtags eine Arbeit zu suchen, sobald die Kinder sieben Jahre alt sind. Erfahrungsgemäß wird diese Rechtslage von den Interessenvertretern des unterhaltszahlenden Mannes benutzt, um die alleinerziehende Frau unter Druck zu setzen, sich dem Arbeitsmarkt zur Verfügung zu stellen.

Viele Mütter erfahren ihre ungesicherte finanzielle Situation als ungerechte Bestrafung und Diskriminierung ihres bisherigen Engagements als Mütter und Erzieherinnen der Kinder.

Versorgung der Kinder

Das größte Problem für fast alle alleinerziehenden Mütter und Väter ist die Unterbringung und Versorgung der Kinder, während sie erwerbstätig sind. Es fehlt derzeit an vielen Orten noch an Krippen, Hort- und Kindergartenplätzen sowie auch an Einrichtungen zur nachmittäglichen Betreuung von schulpflichtigen Kindern. Vor allem die Öffnungszeiten von Horten und Kindergärten bieten für Alleinerziehende unüberwindliche Schwierigkeiten, wenn sie selbst zu festen Zeiten ihre Erwerbstätigkeit ausüben müssen. Viele Träger, wie z. B. der Deutsche Caritasverband treten engagiert in die Diskussion um flexible Öffnungszeiten der Kindergärten ein, scheitern in der Praxis aber an finanziellen Grenzen (S. 13 ff., 11.). Solche tiefgreifenden Änderungen können nicht kostenneutral, d. h. nicht ohne Erhöhung von Zuschüssen oder Gebühren, durchgeführt werden. Zusätzliche Probleme entstehen bei Krankheit der/des Alleinerziehenden, denn wer kümmert sich in dieser Zeit um die Kinder? Nicht viel besser ist die Situation bei Erkrankung der Kinder, denn die gesetzlich garantierten fünf Tage Sonderurlaub zu deren Betreuung sind schnell erschöpft.

Auch nichterwerbstätige Alleinerziehende benötigen Hilfe bei der Betreuung ihrer Kinder, wenn sie durch eigene Krankenhausaufenthalte, Arztbesuche, Behördengänge o. ä. verhindert sind. Nicht alle Alleinerziehenden haben das Glück, Verwandte oder Freunde an ihrem Wohnort zu haben, die sich hier einsetzen.

Soziale Kontakte

Alleinerziehende Mütter und Väter, die eine Dreifachbelastung durch Kindererziehung, Haushalt und Beruf erfahren, geraten oft an die Grenzen ihrer Kräfte. Ihnen steht sehr viel weniger Freizeit zur Verfügung als anderen Müttern und Vätern. Die Teilnahme an jeder Form des gesellschaftlichen und kulturellen Lebens ist erschwert. Hinzu kommt, daß im allgemeinen eine große Unsicherheit bei ehemals befreundeten Familien besteht, wie sie die Kontakte zu Alleinerziehenden gestalten sollen. Das kann an Loyalitätskonflikten der Freunde nach der Scheidung, aber auch an vielen anderen Ursachen liegen (z. B.: Unsicherheit bzgl. der eigenen Ehe, Eifersucht, Angst vor der ungekannten Selbständigkeit und Unabhängigkeit der/des Alleinerziehenden).

Die Isolation von alleinerziehenden Männern und Frauen kann aber auch ein Zeichen dafür sein, daß sie im Prozeß der Verarbeitung von Trennung und Trauer steckengeblieben sind und dringend Hilfe von außen brauchen (S. 103, 4.).

Seelische Probleme

Zusätzlich zu den vielen äußeren Schwierigkeiten sehen sich viele Alleinerziehende auch psychischen Problemen ausgesetzt. Zunächst müssen sie sich nach dem Verlust des Partners durch Trennung oder Tod der neuen und alleinigen Verantwortung für das tägliche Leben und die Kindererziehung stellen. Meistens stürzen viele der bisher genannten Probleme gleichzeitig auf sie ein: Trennung, Wohnungssuche, Verlust alter Kontakte, Isolation und finanzielle Schwierigkeiten. Häufig gehen damit Prozesse einher, die das Selbstwertgefühl verletzen: Wie sichere ich den Lebensunterhalt? Wie bekomme ich mein Recht? Werden mir die Kinder zugesprochen? Dies sind nur einige der vielen Fragen, die sich Alleinerziehende stellen. Hiervon besonders berührt sind Frauen, in deren Ehe eine Arbeitsteilung derart bestand, daß sich die Frauen mehr um den Haushalt und die Männer um die öffentlichen Bereiche kümmerten. In der ersten Zeit des Alleinlebens müssen sie sich diese öffentlichen Bereiche wie Behörden, Gerichtswesen, Banken und Versicherungen mühsam erschließen.

Dafür haben alleinerziehende Männer eher Schwierigkeiten, offen über ihre Probleme zu sprechen und andere Männer zu finden, die ihnen zuhören. Dazu ist es noch zu ungewohnt, sich als Mann unsicher zu geben oder Kummer und Sorgen „rauszulassen".

Die meisten alleinerziehenden Frauen und Männer machen nach der Trennung oder dem Verlust des Partners durch den Tod eine schwere Identitätskrise durch. Ihre Lebenspläne sind zerbrochen und sie müssen sich in der neuen Situation zurechtfinden. Das bedeutet einen Prozeß des Trauerns, der Fragen, der Selbstzweifel, aber auch der Suche nach neuen Wegen. Die Verarbeitung von Trauer und Trennung, das Gefühlschaos von gegensätzlichen Gefühlen, das jeden Trauerprozeß begleitet, nimmt eine lange Zeit in Anspruch. Der Aufbau des neuen Selbstvertrauens kostet sehr viel Mühe und Kraft (S. 14, 5.). Freunde und Verwandte, die diesen Prozeß begleiten wollen, müssen hierfür Geduld und Verständnis entwickeln.

Elternschaft endet nicht – Zur Situation der Kinder

Die Scheidung eines Ehepaares ist meist mit sehr unangenehmen Erfahrungen verbunden. Beziehungen gehen verloren, Hoffnungen werden enttäuscht, Lebenspläne zerbrechen. Zurück bleiben zum Teil tiefe Verletzungen – und Kinder, deren Zukunft nun von getrennten Eltern geprägt und beeinflußt wird. Die Beziehung der Geschiedenen ist auch nach der Trennung oft mit Spannungen und Unsicherheiten beladen. Konflikte, die nicht aufgearbeitet wurden und unterschwellig weiterbestehen, wirken in das Gespräch über die Kinder hinein. So entzündet sich dann meist Streit an Erziehungs- und Finanzfragen (S. 38, 10.).

Kinder in verschiedenen Altersstufen reagieren unterschiedlich auf die Scheidung ihrer Eltern. So ist zum Beispiel der Altersgruppe der zweieinhalb- bis siebenjährigen gemeinsam, daß sie häufig voneinander unabhängige Ereignisse in kausale Beziehungen zueinander setzen. So wird die Scheidung der Eltern nach äußeren Ereignissen beurteilt: „Die eigene Person wird aufgrund der ich-zentrierten Sichtweise des Kindes zum Mittelpunkt eines Erklärungsversuchs gemacht. So wird von den Kindern häufig angenommen, daß sie durch ihr eigenes Handeln die Trennung der Eltern bewirkt hätten“ (S. 2, 3.). Daher kann es geschehen, daß kleine Kinder Schuldgefühle entwickeln und die Trennung von einem Elternteil gleichsam als Bestrafung für eigenes Verhalten empfinden.

Schwierig wird es für Kinder, wenn sie Loyalitätskonflikte erleben. Häufig verstehen sich die geschiedenen Eltern nicht und sind auch nicht in der Lage, Konflikte miteinander auszutragen. Dies hat Auswirkungen auf die Kinder. Sie fragen sich, ob sie denn den anderen Elternteil überhaupt noch lieben dürfen, wo doch offensichtlich Mutter (bzw. Vater) so wütend oder traurig über den anderen Elternteil ist.

Zwischen den Kindern und dem für sie sorgenden Elternteil entsteht häufig eine starke Bindung. Kinder haben Angst, daß auch dieser Elternteil „weggehen könne“.

Manchmal besteht auch die Gefahr einer Überforderung der Kinder. Es ist nur natürlich, daß nach einer Trennung für den verbleibenden Elternteil die Versuchung besteht, das Kind als gleichberechtigten Partner oder als Partnerersatz zu sehen. Das Kind wird hier zum Vertrauten von Mutter oder Vater gemacht und zu früh von ihm verlangt, sich in die Probleme Erwachsener hineinzufühlen. Aggressives oder depressives Verhalten kann hier Anzeichen für eine Überforderung sein (S. 29, 7.).

Viele Eltern nehmen heute noch nicht wahr, daß sie zwar im Falle einer Scheidung ihre staatliche Ehe beendet haben, aber daß Elternschaft von Vater und Mutter nicht einfach aufgekündigt werden kann. Und wo sie wahrgenommen wird, gestaltet sich die konkrete Ausformung noch sehr schwierig. Die Möglichkeit des gemeinsamen Sorgerechts wird nur von 1,6 % der Eltern angestrebt.

Zur rechtlichen Situation

Während eines Scheidungsprozesses kommen auf die Ehepartner psychisch sehr belastende Situationen zu. Ein nach wie vor schwieriges Problem ist die Regelung der elterlichen Sorge nach der Trennung. Hier wird das juristische Verfahren der Dynamik einer Familie nicht gerecht. Anwälte, die sich für die Interessen ihrer Mandanten einsetzen, übersehen häufig, daß ihr Mandant auch nach der Scheidung als Vater oder Mutter elterliche Verantwortung weiterleben muß. Häufig wirken sie eher konfliktverschärfend. Dies resultiert aber daraus, daß die Sorgerechtsregelung gleichzeitig mit der Teilung der materiellen Güter einhergeht. Aus diesem Grund gibt es den Vorschlag, die endgültige Klärung des Sorgerechts erst nach gemessener Zeit erfolgen zu lassen, damit die Eltern Zeit haben, ihre Konflikte zu bearbeiten und eine neue Basis der Kommunikation zu finden (S. 315, 6.).

Im folgenden werden die Kriterien benannt, nach denen die Gerichte die elterliche Sorge zuteilen:
- der gemeinsame Vorschlag der Eltern,
- das Bindungsinteresse des Kindes an Eltern und Geschwister,
- das kindliche Bedürfnis nach stabilen Dauerzuständen,
- das Ende der Zerrüttungssituation.

Eine Stellungnahme des zuständigen Jugendamtes bleibt immer notwendig, auch wenn die Eltern sich bezüglich des Sorgerechtes geeinigt haben oder die gemeinsame elterliche Sorge weiterführen wollen. Obwohl die Mitarbeiter der Jugendämter in der Regel mit aller Behutsamkeit und Sachkompetenz vorgehen, bestehen dennoch bei beiden Elternteilen große Ängste vor deren Stellungnahme und dem damit verbundenen Besuch in der jeweiligen Wohnung.

Chancen in der Krise

Die Menschen, die in der ersten Phase des Alleinerziehens stehen, haben viele Probleme zu verarbeiten. Sie erleben die neue Situation des Alleinlebens und Alleinerziehens, sie müssen neue Lebensräume und Beziehungen erschließen und zumeist finanzielle Nöte überwinden. Aber man darf auch nicht übersehen, daß viele Frauen und Männer aus diesem Prozeß gestärkt hervorgehen. Wenn die erste Phase überwunden ist, ergeben sich auch positive Aspekte, wie große Flexibilität, Offenheit für neue Kontakte, wohlgestaltete und gepflegte Freundschaften, größere Selbstsicherheit und Selbständigkeit (vor allem bei Frauen), hohe Konflikt- und Kommunikationsfähigkeit. Aus der Arbeit mit alleinerziehenden Frauen ist bekannt, welche Persönlichkeitsentwicklungen möglich sind und welche Hilfe sich die Frauen auch gegenseitig geben können. Wichtig ist, daß möglichst viele Treffpunkte für alleinerziehende Männer und Frauen geschaffen werden, wie man sie z. B. in Familienbildungsstätten finden kann. Hier begegnen sich Betroffene zum gegenseitigen Erfahrungsaustausch, zum Einholen von Informationen und zur gegenseitigen Stützung und Hilfe. Nicht selten sind Gruppenmitglieder, die selbst mit Depressionen und Selbstzweifeln in die Gruppe kamen, nach einiger Zeit in der Lage, sich nicht nur persönlich weiterzuentwickeln, sondern auch anderen auf ihrem Weg zu helfen.

Zur Situation der Zweitfamilien (Stieffamilien)

„Paß' mal auf Mutti, ich mache dir einen Vorschlag: Schick doch den Peter (Stiefvater) wieder weg. Dafür verspreche ich dir, in der Schule wieder so gut zu werden, wie ich früher mal war." Dies sagte der zwölfjährige Thorsten zu seiner Mutter, die nach einer fünfjährigen Phase des Alleinerziehens zum zweitenmal geheiratet hatte. Die Mutter (Jutta) verstand sich mit ihrem zweiten Mann sehr und hatte geglaubt, auch Thorsten habe sich gut an ihn gewöhnt. Sie war daher vollkommen überrascht von dem Ansinnen ihres Sohnes. Thorsten hing sehr an seinem leiblichen Vater, den er in Abständen besuchte. Die Loyalität zu diesem war aber nicht allein der ausschlaggebende Grund für seinen Vorschlag. Er hatte sich in der Zeit des alleinigen Zusammenlebens mit seiner Mutter auch daran gewöhnt, daß nur eine erwachsene Person in sein Leben eingreifen konnte. Eine zweite Person, die nach anfänglicher Zurückhaltung nun auch die Erziehung mitgestaltete, konnte und wollte er nicht akzeptieren. Seine Äußerung war erst der Anfang eines langen und schmerzlichen Prozesses, an dessen Ende Jutta, Peter und Thorsten schließlich doch einen Weg des Zusammenlebens fanden.

Nach neuesten Schätzungen leben heute 1 Million Kinder mit einem Elternteil zusammen, der nicht leibliche Mutter oder leiblicher Vater ist. Dies bringt, wie oben im Beispiel nur angedeutet, besondere Belastungen mit sich. Ein Problem dabei ist, daß dem sozialen Umfeld und der Stieffamilie selbst häufig nicht klar ist, daß sie in einer besonderen Familienform lebt, die sich von der Erst- oder sog. Kernfamilie unterscheidet. Folgende Unterscheidungsmerkmale lassen sich aufzeigen (S. 79 ff, 8.):

1. Die neue Partnerschaft beginnt unter anderen Vorzeichen. Ein unbeschwertes Kennenlernen der beiden Erwachsenen ist nicht möglich. Die Kinder müssen in den Kennenlernprozeß miteinbezogen werden. Hinzu kommt, daß dieser Zeit oft eine Phase des Alleinerziehens vorausgegangen ist. Viele Alleinerziehende möchten die gewonnene Selbständigkeit in bezug auf die Erziehung nicht teilen. Wie das obige Beispiel zeigt, sind auch häufig die Kinder nicht bereit, den neuen Stiefelternteil als Miterzieher zu akzeptieren.

2. Für die Kinder gibt es noch einen weiteren, leiblichen Elternteil, zu dem meistens Kontakte bestehen. Dies gilt auch dann, wenn ein Elternteil gestorben ist. Er lebt in Erinnerungen und bestimmten Familienkonventionen weiter.

3. Eine neue Person trifft auf ein eingespieltes Ein-Eltern-Kind-System. Es ist für alle Beteiligten eine schwierige Aufgabe, neue gemeinsame Regeln zu entwickeln.

4. Die Beziehungsstrukturen sind sehr viel komplexer als in der Kernfamilie, so gibt es zum Beispiel mindestens drei Großelternpaare, sofern diese noch leben. Die Familie ist wesentlich erweitert durch die Verwandten von drei Erwachsenen.

Diese vielen Bezugspersonen empfinden Kinder aber durchaus als positiv, denn sie können von verschiedenen Erwachsenen mannigfache Arten der Zuwendung für sich auswählen.

5. Eine weitere Problematik liegt darin, daß der Stiefelternteil keine Elternrechte in bezug auf das Kind hat. Zwar schafft hier die Möglichkeit der Adoption Abhilfe, birgt jedoch neue Gefahren. Vorschnell durchgeführt, kann eine Negierung der Bindung zum leiblichen Elternteil entstehen. Kinder brauchen aber die Möglichkeit, ihre leiblichen Eltern lieben zu können.

6. Auch die finanzielle Situation kann bedrückend sein, z. B. durch bestehende Unterhaltsverpflichtungen gegenüber Angehörigen der Erstfamilie.

Eine der größten Schwierigkeiten im Zusammenleben der Stieffamilie entsteht dadurch, daß es für die Rolle des Stiefelternteils kein Modell gibt. Wir alle kennen nur das negative Bild der bösen Schwiegermutter, wie es in Märchen vorkommt. Deshalb erfordert das Zusammenleben in der Stieffamilie viele neue Übereinkünfte für alle Beteiligten, das Finden von neuen Rollen, der kreative Umgang mit Konflikten und flexibles Einstellen auf viele Bezugspersonen. Daher ist es verständlich, daß dieses Aufeinandereinstellen eine lange Zeit in Anspruch nimmt und der Unterstützung durch die Umwelt bedarf.

3. Gesprächsimpulse

1. Möglichkeit: Gestaltung eines Gruppenabends mit Alleinerziehenden

Als Einstieg in ein Gruppengespräch empfiehlt sich die Methode des Partnerinterviews. Die Gruppe wird so aufgeteilt, daß sich jeweils zwei Gruppenmitglieder in einer eigenen „Murmelecke“ gegenseitig interviewen. Die Ergebnisse dieses Interviews werden anschließend in der Gesamtgruppe vorgetragen. Dies geschieht so, daß jede(r) die Aussagen seines Gesprächspartners in der Ich-Form vorstellt.

– Wenn die Alleinerziehenden sich nicht kennen oder neue Personen in eine bestehende Gruppe kommen, verwendet man die Form des halbstrukturierten Partnerinterviews: Man gibt wenige, allgemeine Fragen vor (z. B. Erzählen Sie von sich, Ihren Kindern, Ihren Hobbys).

– Kennen sich die Gruppenmitglieder, kann man es wagen, ein völlig offenes (ohne jegliche Vorgabe) oder ein strukturiertes Partnerinterview führen zu lassen.

  Zum Beispiel können folgende Fragen vorgegeben werden:

  * Was würdest Du auf eine einsame Insel mitnehmen? Warum das?
  * Wenn Du ein Tier wärest, welches würdest Du am liebsten sein? Warum?
  * Was würdest Du mit 10.000,– DM tun? Warum?

In der weiteren Gestaltung können bereits im Interview angesprochene Probleme oder Themen vertieft werden.

Eine andere Möglichkeit besteht darin, durch einen Textauszug oder ein Impulsreferat andere Themenschwerpunkte zu setzen. Hierzu eignen sich besonders kürzere, plakative Texte und Textauszüge (z. B. Fabeln) (Heft 27-29, 2.). Die Bearbeitung dieser Themen kann in Einzelarbeit (z. B. durch Malen) oder in Kleingruppenarbeit (z. B. durch Erstellen einer Collage, durch Gruppendiskussion) erfolgen. Sehr wirkungsvoll kann auch die Umsetzung und Bearbeitung der Thematik in einem Rollenspiel sein. Voraussetzung hierfür ist aber eine qualifizierte Anleigung und Begleitung.

Themen können sein:
Wie gehe ich mit Ärger in meinem Leben um?
Selbstvertrauen kann man lernen!
Stationen auf meinem Lebensweg.
Angst vor der Unabhängigkeit?
Partnerschaftliches Zusammenleben mit Kindern.

Nach Einzel- und Kleingruppenarbeit werden die Ergebnisse im Kreis der Gesamtgruppe vorgestellt und besprochen.

2. *Möglichkeit: Informationsgespräch mit Multiplikatoren über die Situation von Alleinerziehenden und Stieffamilien*

Zunächst werden die Multiplikatoren in die Problematik der Situation der Alleinerziehenden und Stieffamilien durch das Vorstellen von Zahlen und Fakten eingeführt. Zahlreiche Hinweise für einen solchen Einstieg befinden sich in der Arbeitshilfe „Wir sind viele", die die Arbeitsstelle für Frauenseelsorge der deutschen Bischofskonferenz herausgegeben hat.

Berührungspunkte und eigene Erfahrungen der Multiplikatoren mit Alleinerziehenden/Stieffamilien können dann in einer Plenumsdiskussion oder mit Hilfe der Metaplantechnik herausgearbeitet werden. Beim Metaplan erhält jeder Teilnehmer dieser Veranstaltung verschiedenfarbige Kärtchen, auf die er seine eigenen Erfahrungen und Meinungen zu vorgegebenen Fragen notiert. Solche Fragenvorgaben können sein:

* Wo begegne ich Alleinerziehenden/Stieffamilien?
* Welche Probleme habe ich dabei?
* Was könnte ich für diese Gruppe tun?
* Was können diese Personen mir geben?
* Welche Möglichkeiten der Zusammenarbeit gibt es?

Diese Kärtchen werden nach ausreichender Bearbeitungszeit eingesammelt und unter den vorgegebenen Fragen an einer Steck- oder Heftwand nach Antwortgruppen sortiert. Anschließend werden die Ergebnisse gemeinsam besprochen.

4. Literatur

a) Trennung / Alleinerziehende / Einelternfamilien

G. Gutschmidt; Kind und Beruf – Alltag alleinerziehender Mütter, Juventa 1986

A. Napp-Peters; Einelternfamilien, Juventa 1985

I. Ricci; Meine Eltern sind geschieden:
Wie Kinder dennoch glücklich bleiben, dtv 1984

Sozialdienst kath. Frauen (Hrsg.); Trennung/Scheidung
Kinder in Einelternfamilien, Dortmund 1988

Verband für alleinstehende Mütter und Väter (Hrsg.)
So schaffe ich es allein, Bonn 1986

b) Stieffamilien / Zweitfamilien

Arbeitsgemeinschaft für kath. Familienbildung e.V.
Das „andere" Kind – Zur Stiefeltern/Stiefkind-Problematik heute
AKF-Berichte Nr. 26, Bonn 1986

V. Krähenbühl / H. Jellouschek / M. Kohaus-Jellouschek / R. Weber; Stieffamilien, Lambertus 1986

E. Visher / J. Visher
Stiefeltern, Stiefkinder und ihre Familien, Weinheim 1987

c) Kinderbücher

A. McAfee / A. Brown
Mein Papi, nur meiner oder Besucher die zum Bleiben kamen
Alibaba 1984

E. Donelly; Tine durch zwei geht nicht, Dressler

I. Kötter; Von Supereltern kannst du träumen
Dressler 1985

d) Kontaktadressen

* Arbeitsgemeinschaft Alleinerziehender Mütter und Väter in der Evangelischen Kirche in Deutschland
  Deutenbacher Str. 1, 8504 Stein
* Arbeitsgemeinschaft Interessenvertretung Alleinerziehende, federführender Veband: Sozialdienst Katholischer Frauen, Agnes-Neuhaus-Str. 5, 4600 Dortmund
* Verband Alleinstehender Mütter und Väter, Bundesverband e.V., Von-Groote-Platz 20, 5300 Bonn 2

e) Weitere Literaturangaben

1. Alleinerziehende Mütter und Väter – eine Analyse der Gesamtsituation, Schriftenreihe der Bundesministerin für Jugend, Familie, Frauen und Gesundheit, Bd. 219.

2. Arbeitsstelle für Frauenseelsorge der deutschen Bischofskonferenz (Hrsg.), Wir sind viele, Alleinerziehende in der Gemeinde – Arbeitshilfe, Düsseldorf 1988.

3. W.E. Fthenakis, Kindliche Reaktionen auf Trennung und Scheidung ihrer Eltern, in: Wissenschaft und Praxis im Dialog, Februar 1986, (32/33), S.1-3.

4. E. Linßner, Zahlen und Tendenzen, in: Wir sind Familie, Arbeitsgemeinschaft für alleinerziehende Mütter und Väter in der Evangelischen Kirche in Deutschland (Hrsg.), Stein 1987.

5. E. Linßner, / M. Aschenbrenner, Wir sind Familie, in: ebda.

6. E. Mackenscheidt, Familien im Gespräch (Interview), in Land aktuell, Dezember 1988, S. 314 f.

7. A. Napp-Peters, Scheidungsfamilien, Stuttgart 1988.

8. M. Schumann / H. Schattner, Meine Kinder, deine Kinder, unsere Kinder – Stieffamilien, in: Wie geht's der Familie? Deutsches Jugendinstitut (Hrsg.) München 1988.

9. Sekretariat der Deutschen Bischofskonferenz (Hrsg.), Zu Fragen der Stellung der Frau in Kirche und Gesellschaft, Bonn 1981.

10. E. Stark, Scheidung in aller Freundschaft, aber wie?, in: Psychologie Heute, Juli 1986, S. 36 ff.

11. Zentralverband kath. Kindergärten und Kinderhorte Deutschlands e.V., Zur bedarfsgerechten Angebotsgestaltung kath. Kindergärten, Freiburg 1988.

Hennes

Mit Tat und Rat

Familienbildung praktisch

Darüber klagen viele Eltern: Sie wissen nicht mehr, wie sie mit ihren heranwachsenden Kindern zurechtkommen sollen. Erziehung ist heute mehr denn je gefragt, – doch welche? Die Beispiele dieses Filmes zeigen, daß es Wege einer helfenden Familienpädagogik gibt, allerdings keine Patentlösungen.

1. Zum Inhalt des Films

Der Film zeigt ein altes, graues Haus, ein ehemaliges Pfarrhaus mitten in Köln. Die Räume sind hoch und eng. Jetzt befindet sich darin eine Familienbildungsstätte. Das Besondere: das Haus ist nie leer, immer beginnt oder endet gerade ein Kurs.

Der Film, der aus dem Blickwinkel des Betrachters erzählt, beginnt mit der sich immer bewegenden Tür des Hauses. Von dort „springt" er in eine Gruppe, in der Mütter und Kinder aneinander lernen. Er beobachtet was geschieht und fragt die Teilnehmerinnen nach ihren Erfahrungen, Wünschen, Herkünften. In einem anderen Kurs: „Frauen verändern sich" wird von Erfahrungen gesprochen, die Frauen mit den Frauengestalten am Kölner Dom machen. Es sind vornehmlich Frauen, die Familie lernen. Dann werden Konflikte beobachtet, die beim Umweltschutz und Vollwertkochen auftreten. Viele Grundsatzdiskussionen und eingefahrene Haltungen werden gerade dabei sichtbar und spürbar. Dabei geht es nur vordergründig um Kochen oder Putzen, denn es geht vielmehr um ganzheitliches Lernen.

Ganzheitlich meint, daß Bildung nicht so sehr als Vermittlung von Wissen oder Fertigkeiten, Techniken oder Tricks gesehen wird, sondern als die langsame Entwicklung einer ganzen Person. Konkret geht es dann über das Erlernen von Techniken und das Erproben von Fertigkeiten: Nähen, Gymnastik, freier Tag, Auseinandersetzung mit den Kleinkindern, Frauengruppen. Wichtig aber ist die Grundperspektive: den ganzen Menschen in seine Entwicklung zu fördern und herauszufordern.

Die ausdrückliche Erfahrung der noch zu erreichenden Ganzheit zeigt sich in Kursen, die den Atem bewußtmachen. Das ist bei Frauen und Männern so. Atem als Lebensbewegung zu erfahren, ist zunächst etwas sehr Subjektives. Erst allmählich verändert sich in dieser Erfahrung auch das Verhalten zu den Familienmitgliedern.

In kurzen Abschnitten wird zwischendurch gezeigt, wie man das Ganze organisiert. Es kommt dabei nicht auf die Verwaltungsabläufe an, sondern auf das Spüren, daß Lernen in Gruppen nicht allein dann schon gegeben ist, wenn Leute zusammen sind. Man muß sie auch zusammenbringen. Das wiederum ist eine intensive Arbeit, die die Mitarbeiterinnen der Familienbildungsstätte selbst außerordentlich fordert. Sie erleben sich selbst dabei nicht als diejenigen, die besser wissen und können, sondern als solche, die auch lernen, gemeinsam mit anderen.

2. Was man zum Thema wissen sollte

„Kinder? Nein, danke!" so antworten viele junge Paare, wenn sie gefragt werden, ob sie Kinder haben wollen. Gegen Kinder entscheiden sie sich aus verschiedenartigen Gründen, die zum Teil echt, zum Teil vorgeschoben sind. Kinder lenken – so sagen junge Paare – davon ab, den eigenen Wünschen nachzugehen. Kinder sind heute teuer, das stimmt. Die Zukunft ist zu ungewiß, sagen andere, wie kann man es verantworten, Kinder in diese bedrohte Welt zu setzen?

Ein weiterer Grund für Vorbehalte gegen Kinder wird meist nicht so offen genannt. Das ist die Unsicherheit, die heute bei den meisten Eltern über die „richtige Erziehung" vorherrscht. Wenn schon Kinder, dann wollen sie diese auch so ins Leben und in die Welt führen, daß sie „es besser haben als ihre Eltern." Doch wie erreicht man das? Welche Erziehung ist die richtige? Die autoritäre oder anti-autoritäre? Oder noch eine andere? Wer ist der zuständige Verantwortliche: die Eltern, die Schule, der Staat, die Kirchen?

Das alles sind keine neuen Fragen. Pädagogische Lehrmeinungen gibt es seit langem. Relativ neu, gerade erst 50 Jahre alt, ist das, was man mit Familienpädagogik bezeichnet. Ihre Grundlinien haben sich aus den geänderten Lebensumständen für Ehe und Familie sowie aus einer neuen Sicht des Kindseins ergeben.

Die Pädagogik früherer Zeiten basierte auf einem starren Gefüge des traditionellen Verhältnisses zwischen Eltern und Kindern. Früher wurden Kinder als „Miniaturausgaben" ihrer Eltern betrachtet, sie wurden so gekleidet wie Erwachsene, und ihre Erziehung hatte zum Ziel, sie zum vollen Erwachsensein zu führen.

Bestimmend war die absolute Autorität der Eltern und Lehrpersonen, ob zu Hause, in der Schule oder im Handwerk. Kinder waren immer „Untertanen" der Erwachsenen, ihre erste Pflicht war der absolute Gehorsam. Widerworte gab es nicht, schon gar keine eigene Meinung. Die Lebenshaltungen, in Normen unverrückbar vorgegeben und in Konventionen eingebunden, brachten die Eltern, der Lehrer und der Pastor den Kindern bei. Strafe und Züchtigung dienten diesem Ziel bis in unser Jahrhundert hinein. Und da „gut" und „böse" als vorherbestimmend galten, wurden viele Menschen oft schon von Kind an „abgestempelt" und jeder Chance einer Entwicklung und Bewährung beraubt.

Von Pestalozzi zu Montessori

Es ist nicht nötig (und an dieser Stelle überhaupt nicht möglich), eine Geschichte der Pädagogik darzustellen. Für die heutigen Überlegungen genügen wenige Marksteine der Entwicklung. Der erste ist verbunden mit dem Namen des Schweizer Pädagogen Johann Heinrich Pestalozzi, der gegen Ende des 18. und zu Beginn des 19. Jahrhunderts die Grundlagen einer neuen Pädagogik legte. Gegenüber der bloß mechanischen Vermittlung von Grundwissen und Verhaltensnormen trat er für die Entfaltung der geistigen und körperlichen Anlagen des Kindes ein. Als den ursprünglichen Ort der Erziehung bezeichnete er bereits die Familie.

Was im häuslichen Kreis an Erziehung in diesem Sinne geleistet werden konnte, blieb vorwiegend Aufgabe der Mütter.

Im Gegensatz dazu entwickelte sich vor allem das preußisch geprägte Schulwesen im 19. Jahrhundert zu Lehr- und z.T. regelrechten Zuchtanstalten für treue Staatsdiener und Untertanen. Obwohl der Leitspruch „Für das Leben lernen" lautete, bezog er sich auf jenes Leben, das die Obrigkeit für richtig hielt und vorschrieb. Dabei war die Erziehung streng genormt.

Eine erste Trendwende erreichte Anfang unseres Jahrhunderts die italienische Ärztin und Pädagogin Maria Montessori. Sie erschloß die Psyche des Kindes und gewann von daher einen völlig neuen Ansatz zur Erziehung. Über der berühmten Devise ihres Hauptwerkes „Kinder sind anders" forderte Maria Montessori nicht nur eine strikte Achtung der Persönlichkeit eines Kindes, sondern die Selbsterziehung der Eltern und Erzieher als Voraussetzung für eine kindgerechte Entwicklung. Das Kind darf nach Maria Montessori nicht als Werkzeug des Willens von Erwachsenen mißbraucht werden, sondern ihm müssen erzieherische Hilfen zur Entwicklung seiner Selbstbildung geleistet werden.

Besonderes Gewicht legte Maria Montessori auf die Rolle der Eltern. Sie „sind die Wächter des Kindes, aber nicht seine Bauherren." Sie müssen das Kind „pflegen und beschützen im tiefsten Sinne dieser Worte gleich einem, der eine heilige Aufgabe übernimmt, die über die Anliegen und Begriffe des äußeren Lebens hinausreicht." Auf dieser Basis ist in den Montessori-Schulen von Anfang an ein enges Zusammenwirken von Lehrern und Eltern üblich gewesen.

Die anti-autoritäre Erziehung und ihre Folgen

Montessoris Buch „Kinder sind anders" erschien 1950 und enthielt ein leidenschaftliches Plädoyer für die Rechte des Kindes. Es stand damit am Beginn einer Entwicklung, die im erzieherischen Bereich ihren entgegengesetzten Höhepunkt in den antiautoritären Lehren des englischen Pädagogen A. S. Neill finden sollte. Dieser Entwicklung liegt jener totale gesellschaftliche Umbruch zugrunde, der nach den beiden Weltkriegen das gesamte bisherige Lebensgefüge ergriff. Stärker noch als die technische und industrielle Entwicklung wirkte sich dabei die geistige Öffnung im Denken der Menschen aus. Freiheit und Emanzipation, Selbstverwirklichung und sexuelle Revolution führten dazu, daß jede Grundübereinstimmung in den Werten des menschlichen Lebens verlorengegangen ist. Beliebigkeit statt Verbindlichkeit, lautete die Parole.

Gerade im Bereich des menschlichen Zusammenlebens führte dieser gesellschaftliche Umbruch zur Krise von Ehe und Familie, und damit auch zur Krise in der Erziehung. Die Eltern wurden immer mehr verunsichert. Ist eine strenge Hand richtig, oder sollen sie am lockeren Zügel erziehen? Kann das Kind nur Rechte einfordern oder muß es auch Pflichten anerkennen? Ab wann ist ein Kind selbstverantwortlich, was dient und was schadet seiner „freien" Entwicklung? Sind Eltern überhaupt noch gefragt oder geraten Kinder besser in Kinderläden mit wechselnden Fremderziehern? Die Verunsicherung wird noch dadurch verstärkt, daß zahlreiche neue „geheime Miterzieher" im Bereich der Medien aufgetreten sind, über deren Einfluß sich bis heute die Experten streiten.

Eine solche Beschreibung der Situation soll nicht als Klagelied eines Kulturpessimisten verstanden werden, sondern sie will einige der Punkte auflisten, mit denen nachdenkliche Eltern sich heute oft konfrontiert sehen. Wenn sie die Forderung nach Rückkehr zu strengen Normen dagegensetzen und es dabei bewenden ließen, kämen sie nur noch in größere Schwierigkeiten mit ihren Kindern. Bei der Zeitanalyse muß berücksichtigt werden, daß viele neue Entwicklungen durchaus von positiven Ansätzen ausgehen. Ein vordringliches Ziel von Neill war beispielsweise die Auffassung, daß Schule nicht Angst machen soll, sondern glücklich und frei. Die zahllosen Greueltaten der Weltkriege und des Nationalsozialismus wurden nur möglich durch jene „willigen Werkzeuge", die in Schule und Elternhaus gelernt hatten, keine „Widerworte" zu geben, nicht selbständig zu denken und zu handeln. Der Aufbruch der alten Autoritätsstrukturen, die auf „blindem Gehorsam" beruhten, ist ebenso ein positiver Wandel wie die Befreiung aus Prüderie und Verlogenheit im sexuellen Bereich. Das Problem liegt nur darin, daß vielen Menschen heute neue Wertmaßstäbe fehlen, um aus eigener Verantwortung zu richtigen Entscheidungen und richtigem Verhalten zu kommen.

Beratung keine Schande

Deshalb ist es kein Wunder, daß es noch nie so viele „Ratgeber" für alle Lebensfragen gegeben hat. Es gab noch nie so viele Bücher über Ehe und Familie, über Erziehung und Bildung. Lebenshilfe ist gefragt, Fachleute sollen antworten. Im Fall der Erziehung heißt das aber, daß die Eltern zuständig sein müßten. Doch ihnen fehlt dafür weithin die Befähigung. Weder Ehe- noch Erziehungslehre sind bei uns Schulfächer. Eheleute und Eltern werden sozusagen ins kalte Wasser geworfen.

In dieser Situation kommt den Bildungs- und Beratungsstätten besondere Bedeutung zu, die sich vorwiegend in freier Trägerschaft in den letzten Jahrzehnten entwickelt haben. Ehe- und Erziehungsberatung, Erwachsenen- und Familienbildung werden großgeschrieben. Sie alle haben das Ziel, den Menschen zu befähigen, auf Grund einer wertorientierten Grundhaltung selbständig und selbstverantwortlich sein Leben als Mann und Frau, als Vater und Mutter zu gestalten.

Problematisch wird es, wenn Eltern davor die Augen verschließen, daß etwas in Familie und Erziehung nicht gutgeht. Immer noch herrscht bei vielen Menschen eine Scheu davor, zuzugeben, daß man versagt hat, nicht weiter weiß, hilflos ist.

Doch es ist längst keine Schande mehr, seine Unkenntnis, sein Nichtwissen und sein Unvermögen offen zu bekennen. In unserer Zeit, die so vielschichtig ist und tagtäglich neue Erkenntnisse bringt, kann der einzelne nicht in allen Fragen Bescheid wissen und Entscheidungen treffen. Der Gang zu einer Beratungsstelle, ob einzeln, ob gemeinsam, ist kein Schuld- und Versagensbekenntnis, sondern Teil jenes Lernprozesses, den in unserer Gesellschaft jeder Mensch ein Leben lang durchmachen muß.

Lebenshilfe aus christlicher Sicht

Jeder Mensch braucht Rat zum Leben. Eltern brauchen besonderen Rat für die Erziehung ihrer Kinder. Allerdings kommt es bei den vielen Ratgebern unserer Zeit entscheidend darauf an, welche Wertvorstellung sie ihren Ratschlägen zugrunde legen.

Wenn Beratung Lebenshilfe aus christlicher Sicht sein soll, muß sie ganzheitlich ansetzen und nicht nur auf Teilbedürfnisse zielen. Jeder Rat kann sowieso nur Hilfe zur Selbsthilfe sein, denn der Ratgeber kann nie die Verantwortung für einen anderen übernehmen. Wer glaubhaft Rat geben will, muß selbst über hinreichend Lebenserfahrung verfügen und sich selbst mit einbringen. Dabei kommt es darauf an, das Wesentliche erkennbar zu machen. Christliche Beratung orientiert sich dabei bewußt am biblischen Vorbild.

Erziehung konkret

In der Erziehung gibt es heute keine Heile-Welt-Pädagogik mehr. Einige Grundregeln sind unumstritten: etwa daß Selbsterziehung der Eltern und Erzieher Voraussetzung für jede Erziehung ist; daß jeder Mensch eine (seine) individuelle Entwicklung braucht; daß Partnerschaft zwischen Eltern und Kindern an die Stelle von Autorität und Untergebenen treten muß (wobei diese Partnerschaft auch Grenzen hat); daß „Overprotection" ebenso schädlich ist wie Inkonsequenz. Solche Erziehungsziele kann man leicht formulieren und man kann sich auch rasch daraufhin verständigen. Das wird nie ausschließen, daß es Störungen und Konflikte gibt. Doch die können nicht dadurch behoben werden, daß man sie verschweigt oder vertuscht. Vielmehr müssen (und können) heute Wege zur Lösung gefunden werden, nicht zuletzt mit Hilfe der Beratungsstellen.

3. Gesprächsimpulse

1. Möglichkeit: Für Elterngespräche

Fragen zur Selbstbesinnung
Welche Erziehung habe ich selbst erhalten?
Wie waren meine Eltern als Erzieher?
Welche Rolle haben Lehrer und Pfarrer gespielt?
Wie habe ich mich in der Erziehung gegenüber meinen Eltern, Lehrern und Pfarrern verhalten?
Was war an meiner Erziehung gut, was habe ich als hemmend empfunden?

Wie sind meine Erziehungsgrundsätze heute?
Steckt darin etwas von dem, was ich selbst in meiner Erziehung erlebt habe?
Habe ich mit meinem Ehepartner ein gemeinsames Erziehungskonzept?
Wie verhalten wir uns, wenn wir unterschiedlicher Meinung sind, gegenüber dem Kind?

2. Möglichkeit: Sprichwörter und Redensarten

Sammeln Sie bekannte Redensarten über die Erziehung und diskutieren Sie darüber, etwa:

Ein Häkchen krümmt sich beizeiten

Was Hänschen nicht lernt, lernt Hans nimmermehr

Lerne was, dann bist du was

Ordnung ist das halbe Leben

Der Klügere gibt nach

Nimm dir ein Beispiel an mir

Dafür bist du noch zu jung

____

____

____

3. Möglichkeit: Rollenspiele

Für Gespräche mit größeren Kindern
Szenen aus dem Alltag nachspielen, bei denen das Kind (die Kinder) die Rolle der Eltern übernimmt und die Eltern das Kind (die Kinder) mit deren Reaktionen spielen.

4. Möglichkeit: Texte zum Vorlesen und Diskutieren

Was ein Kind gesagt bekommt

von Bert Brecht

Der liebe Gott sieht alles.
Man spart für den Fall des Falles.
Die werden nichts, die nichts taugen.
Schmökern ist schlecht für die Augen.
Kohlentragen stärkt die Glieder.
Die schöne Kinderzeit kommt nicht wieder.
Man lacht nicht über ein Gebrechen.
Du sollst Erwachsenen nicht wiedersprechen.
Man greift nicht zuerst in die Schüssel bei Tisch.
Sonntagsspaziergang macht frisch.
Zum Alter ist man ehrerbötig.
Süßigkeiten sind für den Körper nicht nötig.
Kartoffeln sind gesund.
Ein Kind hält den Mund.

(Aus: B. Brecht, Gesammelte Werke 9; Gedichte 2,
Suhrkamp Verlag, Frankfurt 1967, 585)

Eure Kinder

von Khalil Gibran

Eure Kinder sind nicht eure Kinder.
Es sind Söhne und Töchter von des Lebens
Verlangen nach sich selber.
Sie kommen durch euch, doch nicht von euch;

Und sind sie auch bei euch, so gehören sie euch doch nicht.
Ihr dürft ihnen eure Liebe geben, doch nicht eure Gedanken,
denn sie haben ihre eigenen Gedanken.
Ihr dürft ihren Leib behausen, doch nicht ihre Seele,
denn ihre Seele wohnt im Hause von morgen, das ihr nicht
zu betreten vermöget, selbst nicht in euren Träumen.
Ihr dürft euch bestreben, ihnen gleich zu werden,
doch suchet nicht, sie euch gleich zu machen.
Denn das Leben läuft nicht rückwärts,
noch verweilet es beim Gestern.

Ihr seid die Bogen, von denen eure Kinder als lebende Pfeile entsandt werden.
Der Schütze sieht das Zeichen auf dem Pfade der Unendlichkeit, und er biegt euch mit seiner Macht,
auf daß seine Pfeile schnell und weit fliegen.
Möge das Biegen in des Schützen Hand euch zur Freude gereichen; denn gleich wie er den fliegenden Pfeil liebt, so
liebet er auch den Bogen, der standhaft bleibt.

Dieser Text kann gemeinsam mit größeren Kindern besprochen werden und dazu dienen, konkrete Grundhaltungen für Eltern und Kinder in der Erziehung und im familiären Zusammenleben aufzustellen.

4. Literatur

J.A. Hardegger
Handbuch der Elternbildung
Einsiedeln 1966

Ferdinand Oertel
Der Familienratgeber
Graz 1986

Meinrad Perez u.a.
Was Eltern wissen sollten
Salzburg 1985

Über die Autoren/-in

Heinz-Jörg Eckhold
(* 1941) – Studium, Lehrer, Ergänzungsstudium (phil., päd., theol.) Dr. päd.; Tätigkeit in der Erwachsenenbildung im Bistum Essen; stellv. Direktor der Kath. Akademie „Die Wolfsburg" / Mülheim; verheiratet, 1 Kind, lebt in Oberhausen.

Christa Licharz-Lichtenthäler
(* 1955) – Studium der Theologie, Diplomtheologin, Leiterin der kath. Familienbildungsstätte „Haus der Familie" Gelsenkirchen seit 1981, verheiratet, lebt in Gelsenkirchen.

Peter Neysters
(* 1942) – Pädagogikstudium, Lehrer, pädagogischer Referent Jugendbildungsstätte St. Altfrid / Kettwig; seit 1973 Referent für Ehe und Familie im Bistum Essen, verheiratet, drei Kinder; lebt in Hattingen-Niederwenigern.

Ferdinand Oertel
(* 1927) – Studium, Dr. phil.; Chefredakteur des Familienmagazins „Leben & Erziehen" und des „Familienjournals", Autor zahlreicher Bücher über Ehe- und Familienfragen; verheiratet, drei Kinder; lebt in Aachen-Walheim.

Michael Schlagheck
(* 1955) – Studium, Diplompädagoge, Assistent in der Kath. Studentengemeinde Essen; Geschäftsführer des Diözesanrates und Diözesanreferent für Ehe und Familie im Bistum Essen, zahlreiche Veröffentlichungen, verheiratet, zwei Kinder; lebt in Bottrop-Kirchhellen.

Martin Zensen
(* 1960) – Pädagogik- und Theologiestudium, Diplompädagoge, arbeitet seit 1987 in der Erwachsenenbildung im Bistum Essen, verheiratet; lebt in Duisburg.

KATHOLISCHE AKADEMIE
DIE WOLFSBURG
Haus für Erwachsenenbildung
des Bistums Essen

„Die Wolfsburg", Katholische Akademie und Haus für Erwachsenenbildung, ist eine Einrichtung des Bistums Essen und steht im Dienst des kirchlichen Bildungsauftrages und der Seelsorge.

Zur Verwirklichung dieses Auftrages ist die Wolfsburg Ort

- der Begegnung und des Gespräches
- des Forschens, Lehrens und Lernens
- des Gebetes und des Gottesdienstes.

Zu den Arbeitsschwerpunkten gehört

- die Erörterung grundsätzlicher und aktueller Probleme in Theologie, Philosophie und Naturwissenschaft, Gesellschaft und Staat, Ehe und Familie, Wirtschaft und Politik, Erziehung und Bildung, Literatur und Kunst, Film und Freizeit, Sport, sowie Grenzfragen der verschiedenen Disziplinen.
- die Glaubensverkündung und -vertiefung

- Das Bildungsangebot richtet sich an alle Interessierten sowie Gruppen, Verbände, Organisationen und besondere Zielgruppen im Gesamtbereich der Erwachsenenbildung.

- Die Wolfsburg ist auch Tagungszentrum für Verbände, Organisationen und Gruppen.

Auskünfte und Programme:

KATHOLISCHE AKADEMIE DIE WOLFSBURG
Haus für Erwachsenenbildung des Bistums Essen
Falkenweg 6, 4330 Mülheim/Ruhr
Telefon: 02 08 / 5 01 10 und 5 41 10

F.J. Krämer / G. Scherer / F.J. Wehnes
ANTHROPOSOPHIE UND WALDORFPÄDAGOGIK
Information / Kritik
VERLAG THOMAS PLÖGER

Franz Kamphaus
Fritzleo Lentzen-Deis
Christine Zauzich
Leo Schwarz
...und machen einander reich.
Beiträge zur Arm/Reich-Problematik.
reflektiert am Lukasevangelium
VERLAG THOMAS PLÖGER

Politik als Aufgabe

Engagement christlicher Frauen in der Weimarer Republik

Aufsätze - Dokumente - Notizen - Bilder

Dieses Buch gibt Zeugnis von dem Einsatz der christlichen Frauen in der Tagespolitk und der staatsbürgerlichen Weiterbildung der Frauen in der Weimarer Republik, herausgegeben von Anne Mohr und Elis. Prégardier.

ca. 252 Seiten,
Fadenheftung -
Leinen - 35,- DM
ISBN 3-924574-25-1

Manfred Nielen
Frömmigkeit bei Heinrich Böll

Ein Grundthema des großen und streitbaren Katholiken: Frömmigkeit.

Manfred Nielen hat in seiner gründlichen und anregen den Arbeit die Werke Heinrich Bölls als erster theologisch analysiert. Das Motiv Frömmigkeit bildet in der religiösen Thematik des Werkes von Heinrich Böll das Gegenüber zu seiner Kirchenkritik.

149 Seiten,
Broschur,
19,80 DM,
ISBN 3-924574-06-5

VERLAG THOMAS PLÖGER, Altes Schulhaus Gräfenhausen, 6747 Annweiler, Tel.: 06346/3441, Fax: 06346/7772

SONNTAG für Sonntag!
Ihre Assistenz in Katechese und Verkündigung.

SONNTAG bietet:
Für jedes Kind einen anschaulichen Zugang zur Liturgie – Erleichterung und Intensivierung der Katechese – Vertiefung des Glaubens – Anregung für Mitarbeiter – Einsatz im Religionsunterricht.

ICH UND DU

WAS BEDEUTET DAS?

"Fahrt hinaus auf den See!"

LOBE DEN HERRN

FROHE BOTSCHAFT

Jesus kommt als Wanderprediger nach Galiläa.
Er lehrt auch am See Gennesaret.
Es hören ihm sehr viele Menschen zu.
Lukas berichtet wie sich für drei der Zuhörer das Leben radikal verändert.

Aus dem Lukasevangelium, Kapitel 5, Verse 1-11

In jener Zeit, als Jesus am Ufer des See Gennesaret stand, drängte sich das Volk um ihn und wollte das Wort Gottes hören. Da sah er zwei Boote am Ufer liegen. Die Fischer waren ausgestiegen und wuschen ihre Netze. Jesus stieg in das Boot, das dem Simon gehörte, und bat ihn, ein Stück weit vom Land wegzufahren. Dann setzte er sich und lehrte das Volk vom Boot aus. Als er seine Rede beendet hatte, sagte er zu Simon: Fahr hinaus auf den See! Dort werft eure Netze zum Fang aus! Simon antwortete ihm: Meister, wir haben die ganze Nacht gearbeitet und nichts gefangen. Doch wenn du es sagst, werde ich die Netze auswerfen. Das taten sie, und sie fingen eine so große Menge Fische, daß ihre Netze zu reißen drohten. Deshalb winkten sie ihren Gefährten im anderen Boot, sie sollten kommen und ihnen helfen. Sie kamen, und gemeinsam füllten sie beide Boote bis zum Rand, so daß sie fast untergingen. Als Simon Petrus das sah, fiel er Jesus zu Füßen und sagte: Herr, geh weg von mir; ich bin ein Sünder. Denn er und alle seine Begleiter waren erstaunt und erschrocken, weil sie so viele Fische gefangen hatten; ebenso ging es Jakobus und Johannes, den Söhnen des Zebedäus, die mit Simon zusammenarbeiteten. Da sagte Jesus zu Simon: Fürchte dich nicht! Von jetzt an wirst du Menschen fangen. Und sie zogen die Boote an Land, ließen alles zurück und folgten ihm nach.

- Was hat der wunderbare Fischfang bei den drei Männern bewirkt?
- Welche Folgen hat die Begegnung mit Jesus für Petrus, Jakobus und Johannes
- Was könntest du als „Menschenfischer" tun?

SONNTAG – Fakten:
Der SONNTAG folgt der liturgischen Sonntagsordnung und erscheint vierfarbig mit 56 Ausgaben (= 224 Seiten) jährlich. Der SONNTAG ist abheftbar und wird quartalsweise im voraus geliefert. Die Staffelpreise (mit Rabattsätzen bis 50 %) ermöglichen eine äußerst günstige Kalkulation. Weitere ausführliche Informationen und Probeexemplare erhalten Sie kostenlos vom Verlag.

VERLAG THOMAS PLÖGER, Altes Schulhaus Gräfenhausen, 6747 Annweiler, Tel.: 06346/3441, Fax: 06346/7772